U0918840

放下身段 把事做成

痛快地改变比痛苦地适应更能给你未来

于是◎编著

CNS PUBLISHING & MEDIA 湖南人民出版社 博集天卷 CS-BOOKY

图书在版编目（CIP）数据

放下身段，把事做成 / 于是编著 . —长沙：湖南人民出版社，2013.6
ISBN 978-7-5438-9487-7

Ⅰ. ①放… Ⅱ. ①于… Ⅲ. ①成功心理—通俗读物 Ⅳ. ① B848.4-49

中国版本图书馆 CIP 数据核字（2013）第 133530 号

上架建议：人际关系 / 成功学

放下身段，把事做成

编　　著：于　是
出 版 人：谢清风
责任编辑：胡如虹
监　　制：于向勇　康　慨
特约编辑：龙　右
营销编辑：刘菲菲
封面设计：彰品文化
版式设计：崔振江
出版发行：湖南人民出版社［http://www.hnppp.com］
地　　址：长沙市营盘东路 3 号
邮　　编：410005
印　　刷：北京嘉业印刷厂
经　　销：新华书店
开　　本：787mm × 1092mm　1/16
字　　数：200 千字
印　　张：14.5
版　　次：2013 年 8 月第 1 版
印　　次：2013 年 8 月第 1 次印刷
书　　号：ISBN 978-7-5438-9487-7
定　　价：32.80 元
（若有质量问题，请致电质量监督电话：010-84409925）

目录

CONTENTS

前言　大尺度笑傲江湖

第一章　成功很流行，相应变通更给力

1. 成功是碗迷魂汤 /002
追逐成功无可厚非，每个人都应该而且必须让自己成为一个成功者。但是很多人在这种迫切的心理的驱使下反而迷失了方向，离自己的目标越来越远。

2. “我的成功可以复制”是个伪命题 /006
作为一个普通人，我们不能盲目地追随成功人士的人生轨迹。我们要从自身实际情况出发，不要被成功者那些用于标榜自己的话语所迷惑。盲目地照单全收，随意地全面肯定，不但不能加快前进的速度，反倒会因“水土不服”打乱自己的既定“行程”。

3. 失败才是最可耻的 /009
哈佛商学院曾经提出这么一个观点：在成功的人或公司面前，我们会轻易忘记他们曾经的不道德行为。因此，你必须问自己，既然成功可以抹杀过去的污点，那么，为了能够成功，是否可以采取不道德的行为？

4. 一只潜力股的自我修养 /013
该做的事情你做了，可能是无用功；不该做的事情你做了，可能变成你玩忽职守、责任心不强。在矛盾层出不穷的职场中，滴水不漏地做好自己，才是制胜的关键。

5. 道德和理想无关，和价值有关 /017

无须隐瞒，更不需要美化，职场本身就是个名利场。在名利场里面追名逐利理所当然，目标并没有什么不道德，只有方法上的道德不道德。你的职场价值在于你所创造的利益——对公司的利益、对领导的利益以及对平级同事的利益，这与你的道德无关。

6. 找准衡量你价值的标杆 /020

人是一种善于改变的高等动物，能够根据环境的变化而改变自身的适应能力。只有当你适应了这套规则并开始遵循它，为组织创造利益、创造价值，你才有资格在这个圈子里继续发展下去。

7. 职来职往的政治艺术 /024

如果想避免在办公室斗争中成为牺牲品，需要先找准自己的定位，以及在适当的人身上做点投资，这样有事发生时也有办法找人相助。

8. 大尺度突破自我才能成功 /028

在不违法和不损害他人利益的前提下，突破禁锢自己的那些心理枷锁，做一些有利于自己的事情，并没有什么不妥。可能从某些方面看起来，有些行为是不道德的，但有些时候所谓的道德是不重要的，遵守生硬的规则是蠢人的行为。

第二章　脱掉枷锁拼职场，胆小别上

1. 办公室的诱惑与陷阱 /034

职场更像是竞技场，每个人都可能成为你的对手，即便是合作得很好的搭档，也可能突然变脸。他知道你的情况越多，就越容易攻击你，你暴露得越多越容易被击中。

2. 起码的职业素养不能丢 /038

显性素养和隐性素养的总和，构成了一个员工所具备的全部职业素养。一个职场人遇到的众多问题，都可以通过员工的显性素养和隐性素养来解释。应届毕业生在显性素养方面表现得还可以，但在隐性素养方面由于没有经过培训，所以比较欠缺，这是很多企业不招聘应届毕业生的真正原因。

3. 混的是资历，拼的是眼力 /042

一个公司里，受宠的往往有两种人——可爱的人和能干的人，最完美的肯定是集可爱和能干于一身的，事实上二者往往不能得兼。所以假设你已经不是前者，那么就必须成为后者。

4. 不怕起点低，就怕境界低 /045

面对这段“新兵生活”，有些职场起点低的人以为自己并不会获得什么关注和鼓励。其实，周围有许多眼睛盯着新兵、观察新兵，新兵们的一举一动都将成为用人单位决定你去留的依据。

5. 锋芒要藏，心眼要长 /048

锋芒毕露，会使你过早地卷入升迁之争。升迁之争必然带来残酷的淘汰，由于你是职场新人，在公司目前还无足轻重，所以你有可能在一种不公平的暗箱操作和利益交换中，成为无辜的牺牲品。因此，新人无论如何不要一来就跟“老资格”较劲儿。

6. “抢跑”时机不对很要命 /052

蛮横地抢跑，肯定会遭到排挤和打压，被超过是迟早的事。只有合理地抢跑，才能创造并保住自己的优势，从而成功突出重围，先于别人晋升或加薪。

7. 你的座位，决定你的格局 /056

如果你进入公司一个月了还坐在门口或者后排，像无名小卒一样，那你应该采取措施了。再不让老板注意到你的能力，可能连试用期都要延长。我告诉你，最佳的位置是老板身边的红人位和中间的位置。

8. 要么稳，要么狠，要么滚 /060

只有“稳”得住，才能从容应对职场的各种险恶；只有对自己够“狠”，才能抓到机会更进一步；如果两者都做不到，那么就只能“另谋高就”选择“滚”了。

第三章　揣摩上司的危险游戏，大尺度才玩得起

1. 号准领导的脉，百战不殆 /064

领导每天都为了工作而忙碌，深感责任重大，因此他们一直在寻找能让他放心委托工作的部下。如果有哪个下属是只要告诉他要点，就能很顺利地去工作，那么领导派他工作，心里不知要轻松多少。

2. 领导的私事，你的正事 /067

当领导让你做一件私事的时候，你要意识到机会来了。不要小看领导交付的那些私事，比如买东西、订蛋糕、买机票、交电话费等，尽管这些事情很琐碎，但是你要明白，领导是因为相信你，才托付你去办他的私事的，所以一定要尽力而为。

3. 投其所好，赞美也是一种方法 /070

要想赢得上司的青睐和同事间的和睦，可以采取好几种方法：奉承他人、赞成他人的意见、帮助他人做事等，其中奉承是最有效的。奉承是成为一个受欢迎的职场人的必备手段，是建立良好人际关系的基石，更是事业成功的良性催化剂。

4. 花言巧语不如画龙点睛 /074

所谓“画龙点睛”，就是用简洁的语言表达丰富的含义，以少胜多，一语中的，塑造良好的社交形象。

5 上司喂养，借力有方 /077

对上司必须隐忍，让功。等级越近，态度就越要谦卑。如果你真的把上司当作绊脚石，必欲除之而后快——我通常不这么建议，因为上司是一种消耗很快的资源，他本身就会在斗争里被消灭，如果没被消灭，则会带着你升职，那你就更要隐忍。

6. 领他的工资，学他的品质 /081

作为下属，要想达到甚至超越上司的水平，就要先学会他那一套。如果连他那套都做不到，就更谈不上超越了。所以，要不断地向上司学习，充实自己，提升自己。

7 当跟班，但是要想在他前面 /084

满足他人的心理需要才是真正获得他人认可的利器。领导的第一需要是业绩，第二需要是对下属的把握。你的业绩做得漂亮，你的状态适应公司的节奏，你就是在最大限度地满足领导的心理需要。

第四章　你讲素质，别人踹你屁股

1. 同事同事，是一起抢食的 /090

与同事之间关系密切固然重要，但你必须搞清楚，同事就是同事，是跟你竞争抢饭碗的人，不是朋友，同事与朋友是完全不同的两个概念。如果你错把同事当朋友，那么必然会有栽跟头的时候。

2. 可以不聪明，不能不小心 /094

你可以不做小人，但请别太善良。你也可以善良，但至少别那么轻易相信人。问题不在于身边小人太多，而在于你的防备不够。你总认为，每个人都是有做人底线的，其实不然。

3. 组团有风险，站队需谨慎 /097

身在职场想不站队很难，问题是怎么站。虽然客观因素很多，但主要还是取决于个人的主观决定。审时度势，做出一个最好、最理性的选择，同时记得要给自己留好后路。

4. 别不小心“被”当替罪羊 /101

有时候，为了搞好上下级之间的关系，在上司有难处的时候帮他一把，确实是好处多多，利大于弊。但是，并不是什么事都可以替别人当替罪羊的，有些黑锅是不能给别人背的。如果没有考虑好后果，就无条件地承担本应由上司承担的责任，那么结果可能会很惨。

5. 在夹缝里找阳光 /104

这类人没有很多人关注和打扰，可以专心地做普通职员该做的事，只要搞好自己的工作就行了，不需要为别人操心，也没有人会去动他们的脑筋；同时，还有足够的空间去提高自己的工作能力，让自己变得不可替代。他们表面上不会对其他人构成威胁，也不会有人来抢他们仅有的“阳光”。

6. 小报告的危机公关 /107

在知道被人打了小报告的时候，愤怒、委屈一定会有，但一定要让自己先冷静下来，分析这件事自己究竟有没有错。去找告状的小人对质实属下下之策，对事不对人才是永远有效的法则。我们管不住别人的嘴，能做的只有控制自己不犯错，并想好应对小报告的方法。

7. 不是认输，是以退为进 /110

有些人求职的时候心高气傲，小单位瞧不上，大单位又进不去。这时候跟人家谈专业、谈理想是没有用的，首先要找到一个能证明自己能力的平台，而不管它有多小，这样你才有飞上枝头变凤凰的机会。

8. 上位，功夫全在工作外 /113

不要指望老板有时间和每一名员工进行沟通，这是不现实的。老板不可能对每件事、每个人都了如指掌，如果你想在公司有所发展，消极等待与默默工作都是不可取的。

第五章　利用一切资源，别陷入孤军奋战

1. 职场“效忠”术 /118
职场中的忠诚必须是清醒和理性的，只有这样，在职业生涯不可避免的一系列选择中，才不会偏离自己的职业追求，才能忠诚于自己，而不是其他任何人。

2. 把握好和领导、同事之间的距离 /122
有追求而不苛求，宽容大度而不自私狭隘。只有这样，才能与领导、同事保持融洽的关系。

3. 处于职场边缘的那些性格 /126
面对上头分派给你的工作伙伴，你应该努力去欣赏他的工作能力而不是挑刺，只有尊重对方，才能被对方接纳。你想你的工作搭档如何对待你，你就先要用同一态度去对待他！

4. 靠山山会倒，靠人人会跑 /131
在职场中，谁都有可能抛弃你，关键是我们不能抛弃自己。靠人不如靠己，关键时刻要冷静，要了解清楚自己站在哪个十字路口，确定自己想走哪一条路。

5. 巧用大棒加胡萝卜政策 /134
你往人脉存折中存放的感情越多，和他人之间的关系就更紧密，以后提取的时候也就更方便，遇到困难时提起大棒来要都可以。

6. 办公室的“三从四得” /137
三从：从本职工作出发、从领导的想法出发、从职场战略出发。

四得：语文了得、分析能力了得、逻辑了得、挨得。

7. 别让野心噎着了自己 /141

要学会对自己的野心加以引导，如果你的野心伤害到别人的利益，那你就不会受到别人的欢迎。只有开拓出一种双赢的模式，才能让自己的野心发展壮大，你才会成为英雄。

第六章　职场不倒翁的自我提升技巧

1. 生于忧患，死于安乐 /144

成功属于选对方向而且永不言弃的人。而一个人的平庸，多半不是因为自身能力不够，而是因为安于现状、不思进取，在机械的生活中埋没了自己。

2. 领导也需要你的重视 /147

身在职场，永远要有这样的心理准备：如果上司突然交给你一个任务，并要你在短时间内完成，你必须有兵来将挡、水来土掩的能耐与决心，千万不可表现出不知所措的恐慌。你迅速做好了他交给你的事，说明你对他所交代的事情很重视，而这也就是对他这个人的认可。

3. 多做一点，还要让人看得见 /151

我们不应该假设领导知道或者注意到了自己取得的成果，因此要做自我宣传，主动告诉他们。

4. 别做万金油，否则你只能补漏 /154

“创可贴”与“万金油”的区别在于：它是为解决问题或伤痛而存在的，哪里出问题了，让老板有切肤之痛了，创可贴就有了用武之地。而且为了防止类似的问题再次发生，这个创可贴就得牢牢地贴在那里。

5. 加班只有奖金，钻营才能提升 /157

作为下属，你要懂得什么时候应该替上级解围。关键时刻的一次小小出手，胜过你埋头苦干很久。

6. 做好细节，能成大事 /160

英国有句老话说“恶魔藏在细节里”。就是指细节往往容易让人忽视，从而功亏一篑。可千万别小看各式各样的细节，因为你不管它，它就会来管你！

7. 发现伯乐，贵人常伴 /163

有人确实是真的爱才惜才，但是一般而言，贵人出手多少都带有一些私心，所以首先你得是千里马，他才会是你的伯乐。你得值得他帮，他才有可能帮你。这就要求你在平时的工作中把活儿干好，表现出较强的能力和值得信任的品质。

8. 给自己树立假想敌 /166

时时刻刻处于假想敌的包围之中其实是一种前进的动力。假想敌带来的巨大压力促使你不断努力，不断学习充电，从而取得进步。

第七章　盘外招：人缘好才能左右逢源

1. 记得要随时给人留个好印象 /170

如果我们从事的是单调乏味或较为艰苦的工作，千万不要让自己变得灰心丧气，更不可与同事在一起唉声叹气，而要保持乐观的心态，让自己变得幽默起来。

2. 舍不得孩子套不住狼的经典 /174

他人做出友好的姿态以示接纳和支持我们时，我们会觉得“应该”对别人报以相应的回应，并因此而产生一种心理压力，迫使我们对他人也做出友好的姿态。

3. 场面话是门学问 /177

说场面话是一种生存智慧。这不是罪恶，也不是欺骗。撇开道德的标准，谎言就是一种智慧。

4. 与其“露一手”，不如“留几手” /181

在职场中，别人看的往往不是你的成功，而是你的缺陷。一个缺陷就可以抵消掉好几年的奋斗，所以那种只想着做事而不考虑其他的做法，到最后只能让自己头破血流。

5. 酒桌上能解决很多问题 /184

圈内人围坐在一起，先吃，不说事，在推杯换盏中，一种“自己人”的感觉让彼此间比平时亲近了几分，许多在办公室里无法搞定的事情，在酒酣耳热之际就能轻轻松松搞定。于是，酒局上人人红光满面，却又各怀心事。

6. 该送礼时要送礼 /187

如果礼物过于贵重，收礼的人难免会有压力，拒收的可能性也就很大。而如果礼物太轻，很容易让对方误解为你瞧不起他，尤其是关系不算亲密的人。

7. 急人所急，会有惊喜找上你 /189

要想让别人对你信服，就要尽可能多地替别人着想，看看别人有什么难处，能帮则帮。因为这样能使别人对你产生敬畏之情，从而达到改变别人心理的目的。

8. 永远要给自己留条后路 /192

留有后路是没有错的，主要是如何留这样一条路。操作得当的话，无论哪种后路都会是一条阳光大道；如果频频失误，必将导致你掉进万丈深渊。

第八章 丢饭碗的逻辑

1. 职场失败的致命伤 /196

一个人在职场上的失败，很大程度上是因为自己的性格。一个人的性格完全能够左右职场发展的状况，所以首先你需要评估自己性格。

2. 厚黑的大环境，清高是傻子 /199

正所谓“世事洞明皆学问，人情练达即文章”。你当然不必非得把同事当成知己，但也完全没必要清高到把同事视为敌人。

3. 有竞争就必须有手段 /202

那些成就大事者，都善于自我总结、自我反思，从而找到自己的强项，并付出实际的行动。这个过程就是确立自己成功的手段的过程。

4. 跟领导较劲儿绝对是自杀 /205

不管是在通常情况下，还是在特殊情况下，登上高位的多数还是精英。觉得领导水平不高，来源于人们的某种误解，认为领导即使不是道德上的楷模，在业务上也应该是样样皆精、路路皆通的“十项全能”型人才。

5. 不要犯的职场六宗罪 /208

前面我们说了很多如何成功，下面来说说失败，虽然成功不可复制，但失败是有共性的。很多人都曾有过一段不堪回首的职场经历，我总结了他们的教训，称为“职场六宗罪”，在这里列举出来，给大家提个醒。

6. 人在职场，最后要干掉的是自己 /211

每一个人都有两面性，一面是积极上进甚至激进的，一面是消极懒惰甚至懦弱的。人在职场，要想走得更远、站得更高，就一定要让前者击败后者，让自己充满正能量。

前言 大尺度笑傲江湖

所谓职场中人，其实不过是一群在夹缝中求生存的人。他们对上要听命于领导，按要求做事；对下得管理好下属，让他们乐于效劳；对同事还得提防明枪暗箭、挤压倾轧。

做人难，何况是在职场？要处理好各种纷繁复杂的关系，更得多长几个心眼儿才行。否则，忙得焦头烂额还吃力不讨好，因得罪人多而无立身之地。身在职场，放下身段也是一门必修的功课。只要你有一套过硬的应变本领，自可左右逢源，前途一片光明。

身在职场的人未必都能轻易突破自己的底线。有些人屡受挫折，终其一生，碌碌无为；有些人则事无不成，业绩辉煌。生活给每个人的机会其实大致相等，关键在于你是否能抓住机会，并充分利用。

有人说："我们没必要那么累，有事情让别人去做好了。"千万别相信！说这话的人不是想拉个垫背的，就是要踩着你往上爬。只要你不想被埋没在职场，不想成为别人的垫脚石，立下志向、培养野心是唯一的选择，也是职场打拼的基础。

每一个职场中人，总会经历这样那样的危机，我们把这些危机统称为“职场危机”。职场危机大体上都是过渡性的，能使人成熟，但有的职场危机会发展为对自己的深刻质疑，甚至会因损害他人的利益而为另一次职场危机埋下伏笔。

职场是人生的演绎，所以无论你是职场新人还是高层管理，无论你是外企白领还是国企职员，都是职场这段人生的主角。因此，有些规则，知道总比不知道好。

我们无法以身试险，遍尝所有的潜规则。我们要的是快速成长！通过阅读他人的职场故事，结合自己的经历与再观察，可以使隐形的游戏规则和诡计了然于胸。然后，有技巧地去战斗、去奋斗、去成功吧！

职场如战场，职场如江湖。 战场上，只有智勇双全的将军才能百战百胜。职场上，一样存在着既定的规则，也一样存在着可以使人百战不殆的战略战术。像《笑傲江湖》里的令狐冲，从一个呆头呆脑、一无所有的傻小子成长为剑术卓绝 、独步天下的武林高手，主要靠的就是绝世高手的指点和提携。职场里长江后浪推前浪，一样是新人辈出，只要学会扬长避短、趋利避害、借力打力，懂得发现并善于展示自身的优势，就一定能在竞争中脱颖而出，成为独当一面的职场精英。

本书旨在为职场人补充职场营养，目的是把其做成是专门为职场战士量身定做的实战手册和制胜法宝，也是一部专门指导初入职场的新人早日成长为武林高手的江湖“不死 ”秘籍。

书中既没有长篇大论的理论阐述，也没有简单空洞的要领罗列，更没有华而不实的经典语录摘抄，只是通过对一个个具体、生动、鲜活的职场经典案例的通俗讲述和深入剖析，以说书的方式，将职场中的种种微妙情境和应对之策娓娓道来。通俗易懂的文字，深入浅出的道理，以及方便实用的关键提示，像贴身教练一样指导职场新人拨开心中的迷雾，少走弯路，多走捷径，以正确的方式和途径表现自己、提升自己，帮助他们练就一身真本事，以最少的时间赢得老板极大的赏识和重用，从而获得升职的机会。

第一章
成功很流行，相应变通更给力

1. 成功是碗迷魂汤
2. “我的成功可以复制”是个伪命题
3. 失败才是最可耻的
4. 一只潜力股的自我修养
5. 道德和理想无关，和价值有关
6. 找准衡量你价值的标杆
7. 职来职往的政治艺术
8. 大尺度突破自我才能成功

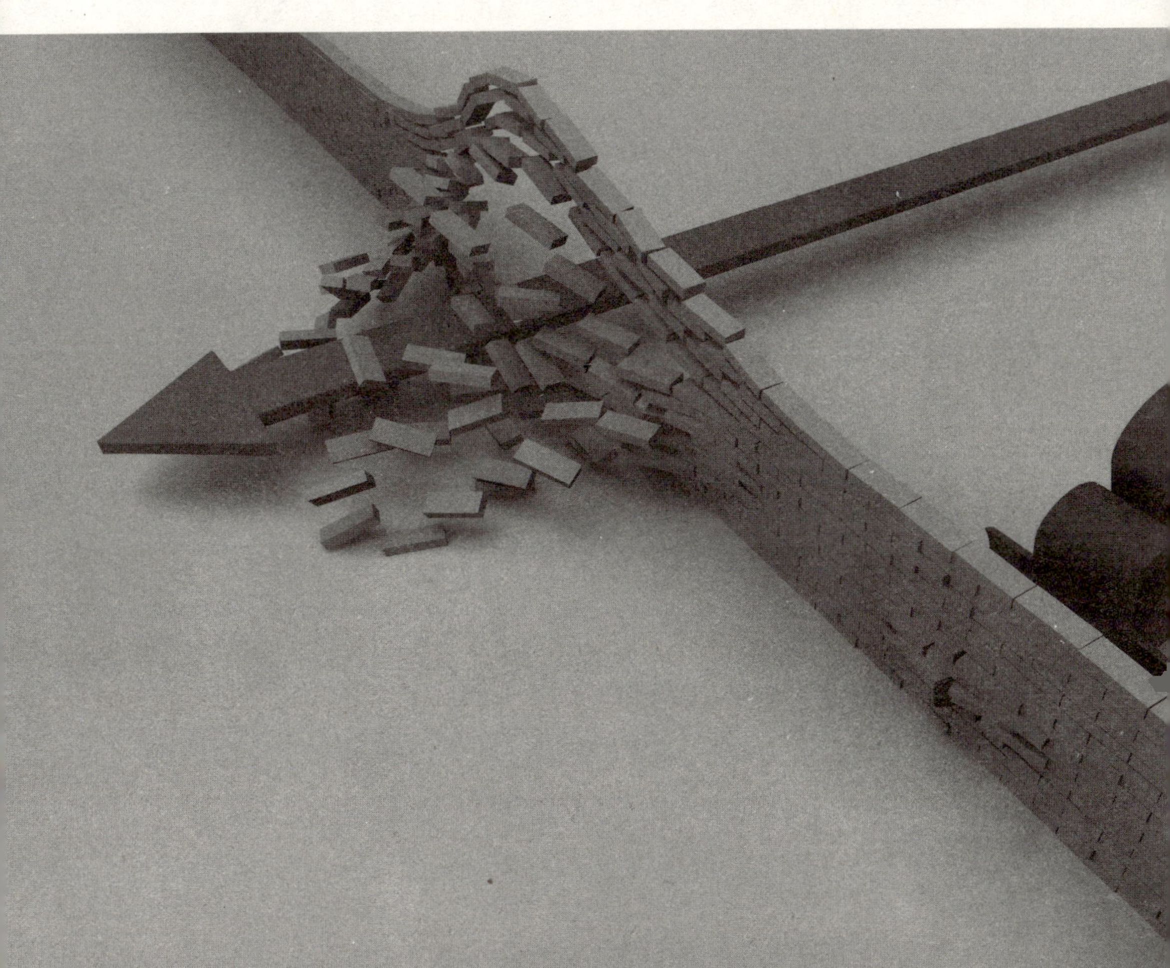

1. 成功是碗迷魂汤

“成功”是个很耀眼、很吸引人的词语，每个人都希望在自己的名字前面加上“成功人士”的前缀。然而，对于大多数人来说，成功并不容易实现。

从小到大，从老师到家长，再到身边的亲戚朋友，一直都在对我们强调，以后要做一个成功的人。当岁月在额头上刻下一道道印痕的时候，蓦然回首，成功离自己依然很遥远。

再环顾四周，越来越多的与自己年龄相仿的男人女人业已盖上“成功者”的印戳，星光熠熠地在荧屏里、报纸上露面。于是，他们成了很多人的偶像，很多人模仿的标杆，很多人努力的方向。

这些模仿者殚精竭虑、急功近利、废寝忘食、邯郸学步……

面对成功的诱惑，狂热可以理解，但是不应该走火入魔。成功这东西其实是一碗迷魂汤，能让人打鸡血似的亢奋三分钟，但是并不解饿。

对成功的追逐无可厚非，每个人都应该而且必须让自己成为一个成功者。但是很多人在这种迫切的心理的驱使下，在参考了各种各样良莠不齐的成功者的方法后，反而迷失了方向，离自己的目标越来越远。

要知道，成功并不是单纯的想象和模仿。每个人的生活轨迹不同，成功模式也就不同，要懂得寻找最适合自己的模式！成功无定论，每个人都应该找到最适合自己的方法，量体裁衣。最大限度地汲取众家之长，同时坚守“取其精华，弃其糟粕”的理念，我们才能离成功更近一步。不追求一夜暴富，但是要做到每天前进一步。在传统的成功学之外，还要放下身段，勇于大尺度突破自我的“三观”，那样成功就不会还在那遥远的地方。为了获得真正的成功，我们需要的不是教自己怎么做的武功秘籍，而是方法，那是内功心法。

几年前在武汉，我认识了一位草根老板。他很谦虚，说自己现在的成就算不了什么，但是在我眼里，他绝对算得上一个成功人士。

他叫郝军，十年前来武汉谋生，街头巷尾的很多工地上都留下过他的汗水。因为在工地上干活儿落下了伤，后来干不了体力活了。为了谋条生路，他开始在一些天桥上、市场边、巷子里卖批发来的袜子，十块钱五双。

在那段颇为艰难的岁月里，他曾怨天尤人，抱怨命运不公。但埋怨归埋怨，无论是三伏天还是数九天，仍然得天天出摊，一天不出摊就没有收入，就得挨饿。他说：“卖了一年总结了点儿规律，买这种袜子的人要么是图个方便，要么是收入较低，比如学生，那么我就干脆十块钱六双，少赚多销。”这样还真有用，但是周围卖袜子的也都纷纷效仿。后来一想这样也不是事儿，仅能勉强糊口，竞争还大，得想想办法。

他终于想出来一个办法，但是始终不敢实施——他觉得这样有点儿不道德，可能会成全自己，但是会砸了别人的饭碗，而且其中还有几个和自己交情不错的人。可是不这样做的话，他就只能每天披星戴月地去出摊。最后他终于说服了自己，开始实施自己的计划。

郝军找到批发商，商量自己每次多拿点货，能否多给点折扣。然后拿出自己的全部积蓄，雇了几个人来帮自己卖袜子。然后，还雇了几个小混混儿，给他们置办了几套制服，让他们每天去自己经常摆摊的地方闲逛。其他卖袜子的都以为是城管，就不敢出摊了。见“城管”天天在这儿，有的人就只能换地方了，有的就干脆换行。就这样，那片地区卖袜子的很快就全部是自己的人了，再后来，他的卖袜子军团占领的地域越扩越大。

聊到最后，他有点微醉，说："十年前，我一个人来武汉卖袜子；十年后，我依然在卖袜子，但是全城卖袜子的人都是给我卖。这，算是成功了吧？"

我点点头，算！

他还跟我总结过几套自己的经验，跟"成功大家"的观点有异曲同工之处，但是又有其妙不可言的变数，在这里和大家分享：

第一，干啥不可怕，可怕的是啥也不干。卖袜子挣钱不多，但是能挣钱，不卖就没得挣。

第二，必须有一个目标，不能东找找西碰碰。经历过那么多挫折，沦落到只能卖袜子的时候，他看到了卖袜子能挣钱，就坚定地卖下去，并没有打算存点钱就立马转行。

第三，确定什么是最重要的，其他一切都是次要的。那时候挣钱吃饭是最重要的，那么过多的犹豫就没有必要。

第四，要有说服自己的能力。他认为，卖袜子不可耻，可耻的是二十几岁的壮小伙没饭吃。

第五，给自己定下的目标一定要实现。那个时候他给自己定的目标是每天卖两百双袜子，要么起早，要么晚回，不卖完不收摊。

第六，对自己的反思。他说，他这十年来每天都在反思，无论进步还是挫折，他都必须给自己找到原因，才能睡得着。

作为一个普通人，我们不能盲目地追随成功人士的脚步，不要被成功者宣扬的某些看起来很美的东西所迷惑，我们要从自身实际情况出发，找到更加适合自己的成功的方法。例如，很多人告诉我们成功必须经过努力，但是赤裸裸的现实也告诉大家，只有努力并不一定会成功，还必须花心思、讲手段。

如果你曾经把失败当成清醒剂，就千万别让成功变成迷魂汤。

光鲜的成功案例很多，但是那些跟我们的生活很难重合。我们要做的，是保持头脑清醒，写就自己的秘籍。

2.“我的成功可以复制”是个伪命题

复制成功者的成功经历，沿着成功者的轨迹阔步前行，实现与成功者比肩的荣耀，这是很多人梦寐以求的事情。每个人都渴望成功，我们通过各种途径想获得成功的秘诀，可是，真的有成功的“秘诀”吗？是否真的像武侠小说里掉下山崖的主人公在山洞里找到武功秘籍一样，能找到成功的秘籍？答案绝对是否定的。

在不同的历史背景下，我们所面临的机遇与挑战都是不尽相同的。彼时的客观环境非此时所能企及，如若我们不理会大环境的变化，忽略人与人之间性格的差异，继续一意孤行地简单复制前人的成功经历，最终多半会南辕北辙。

“打工皇帝”唐骏自传起了个貌似谦虚的书名——《我的成功可以复制》，可是有些宣传中又说，他是名古屋大学和加州理工学院的双料博士。

名古屋大学在日本名列前茅，加州理工学院也是美国久负盛名的怪才大学，要在两所名校都取得博士学位，大多数人是绝对做不到的。这个成功的门槛设得这么高，敢问大家有几个人能进得了这个门？

如果成功真的可以复制，那么，我们只要买几本乔布斯、比尔·盖茨、巴菲特的传记，“复制”人生，就都功德圆满了。

成功者之所以成功，偶然的因素占了一大半。

股神巴菲特有个理论，叫“排卵彩票”（the Ovarian Lottery），意思是说人的命运跟投胎有极大的关系，投胎好，简直就是中了大奖。投胎在官宦商贾家还是乌衣小巷里，投胎到陕北黄土高原还是北京王府井金鱼胡同，都决定了你的命运会有截然不同的轨迹。

很多培训师在给学员讲课时，总是很有激情地给他们讲各种方法和理论，然后用各种案例进行佐证，但是，断章取义地截取案例根本不能解释这个案例为什么能成功。就像沃尔玛的低价案例，在哈佛商学院的教材中已经存在那么多年了，却没有哪个超市能学会并且成长为第二个零售巨头。

商业的成功无法复制，每位真正成功的企业家，都是善于创造的艺术家。不过，前人的成功经历虽不能完全复制，但可以有所借鉴。一个人的成功缘自诸多因素的综合作用，其中包括借鉴他人的成功经验。借鉴不应来自某一单独的个体，而是应该集众家之所长。

作为一个普通人，我们不能盲目地追随成功人士的生活轨迹。盲目地照单全收，随意地全面肯定，不但不能加快前进的速度，反倒会因“水土不服”打乱自己的既定“行程”。

只有找准最适合自己的道路，施以正确的方法，才能获得最后的成功。

一个小女孩问一位富人是怎么致富的。

富人说：“我曾经在年轻的时候买了一个苹果，然后以两个苹果的价钱卖给另一个人。”

小女孩说：“接着你又买了两个苹果，然后以四个的价格卖出去？”

“不，我用卖苹果的钱买了一个鸡蛋，鸡蛋孵出小鸡，小鸡再生蛋……”

“原来你是靠鸡蛋发家的啊？”

“当然不是，我用很多鸡蛋换了一头小牛，然后开始卖牛奶。”

“原来如此，你从卖掉一个苹果开始，到最后卖牛奶，真了不起。”

“但我并没有因此而变得富裕，我卖牛奶没多久之后，我父亲去世了，我因此继承了他的一大笔遗产。”

这个故事告诉我们，千万不要盲目去看成功人士的自传，这些书都是经过精心包装的。你知道比尔·盖茨的母亲是IBM的董事吗？你知道他的父亲是西雅图的著名律师吗？（今天拥有一千七八百位律师的国际大所K&L GATES名字中的“GATES”指的就是老盖茨。）你知道巴菲特的父亲是国会议员吗？比尔的第一笔大买卖就是他妈妈帮忙的，巴菲特的成功也离不开他父亲的帮助，这些是不会写在书里的。

所以，所谓“我的成功可以复制”是一个完完全全的伪命题，不过是成功者一句自我宣传的话而已，“信徒”切莫当真。

虽然成功无法复制，但追求成功是我们每个人的权利和期待。没有背景和显赫的出身，那么我们是不是就可以不去努力了呢？

恰恰相反，只要你想成功，就必须努力，只是努力的同时应该把视角从外界拉回自身，不迷信成功者的经验，根据自己的实际情况出发，突破自我的底线——这里说的底线，不仅仅是工作强度和努力的程度，更重要的是放下身段，打破原来的思想禁锢。

生活中有阳光和黑暗，若我们“太傻太天真”，最后吃亏的还是自己。我们要知道最真实的职场环境中的“险恶”部分，才有可能减少成长道路上摔跤的可能性，才能增加自己的价值。

3. 失败才是最可耻的

哈佛商学院曾经提出这么一个观点：在成功的人或公司面前，我们会轻易忘记他们曾经的不道德行为。因此，你必须问自己，既然成功可以抹杀过去的污点，那么，为了能够成功，是否可以采取不道德的行为或者不当的做法？

先抛开问题，我们说说所谓的成功。

成功学的书籍和影像制品铺天盖地，有时候甚至会想，是不是中国就只剩下我一个 loser（失败者）了？几乎所有的励志类书籍都在教你如何成功，一会儿告诉你细节决定成败，一会儿又告诉你只有坚持才能胜利，方法多了，自己反倒迷失了。

前文说到成功复制粘贴不了，但是失败有共性。事业好比一个坑，跨过坑的办法很难借鉴，绕着坑走的办法才是最可行的。每一个衣着光鲜的成功者站在舞台上时，他们的成功感言就只有那么几句，但是如果让他们说曾经撞得鼻青脸肿的时候，说起怎么见招拆招解决问题，一定每个人都能说出很多。当然，不能说的“潜”招数会更多。

我们周围不乏埋头苦干，勤奋努力，最后却过得并不如意的人。是的，他们很努力，但那不叫奋斗，那叫劳动。奋斗，简简单单两个字，包含的意义绝不只是“努力”这么简单。插一句题外话，电视剧《奋斗》告诉我们的，不是陆涛真的奋斗得多牛，而是他有个有钱的爹。

既然咱们的爹不是李刚，那么就只能靠自己了。努力是必需的，方法是多样的。现在，我们可以回到开头那个问题了。

历史由胜利者书写，意见由成功者表达。表面看来，成功者都很道德，堪称楷模，其实不是这样的。在追求成功的道路上不可能一帆风顺，总会遇到明枪暗箭，用正常的方式无法解决或者解决成本太大的话，那么不妨剑走偏锋，换一个角度去处理。

公司要提拔办业务经理，小张、小刘等几个平时业绩突出的人暗自高兴，觉得自己的机会来了。坐在一旁靠窗位置的李海涛得到消息后，只是去咖啡厅默默地点了根烟。

李海涛进这家公司五年了，遵章守纪，勤勤恳恳，业绩虽然不是很突出，但是每个季度都能保证完成任务，偶尔还有超额完成的时候。在这五年里，身边的同事换了一茬又一茬，大多是些年轻人，有的经受不住竞争的压力离开了，有的因为业绩突出很快就得到了晋升的机会。话不多的李海涛在这些年除了年龄增大外，唯一的变化就是办公桌从门口搬到了靠窗的角落。

这几天办公室加班的人明显增多了，都憋着一股劲儿，想抓住这次机会。李海涛倒是反常，到点儿了就下班，坚决不多待一刻。大家也没在意，想他可能是麻木了吧，五年了都没升上去，估计以后也不指望了。

其实李海涛开始也真就是这么想的，刚入职那会儿，血气方刚努力表现都没升上去，现在跟自己竞争的同事更加优秀，就懒得折腾了，也没动力了。

这天又是准点下班回家，老婆边做饭边埋怨他，说他李海涛只知道干活儿，不知道走走上层关系，使点儿手段，要点儿心眼，那些早就被提拔的同事未必个个优秀。再这样不争不抢，什么时候也轮不到他李海涛。

老婆的话确实有点儿触动了他，循规蹈矩做事真没什么用，他这五年的经历足以说明一切了。可是玩手段走路子这事儿，他一直很不齿，但是不这么干，下一个五年还是一样。

当晚李海涛失眠了，想了很多。他知道很多能拉那些年轻气盛的同事下马的事，但是他始终觉得这么干实在不道德，哪怕自己提上去了，也会遭人唾弃。他就这么矛盾地挣扎着，到了后半夜，就完全是在跟自己做斗争了。与其说自己的事业五年没突破，不如说是五年来始终没能突破自己的“心理防线”。其实仔细想一想，没准儿前几年那些踩着他上位的同事就在背地里捣了自己的鬼，他只是没觉察到而已。

熬了一夜，李海涛红着眼去了公司。这天李海涛没有像往常那样开电脑做事，而是在梳理自己脑子里的那些信息。他想通了，使绊子没什么可耻的，到那个位置上自己的能力也是绰绰有余的。再说，机会是均等的，谁能拿到是谁的本事。

李海涛先把自己的竞争对手分析了一遍，觉得目前最有可能跟自己抢的，就是小张和小刘。李海涛迅速地在自己脑海里搜索关于这两个人的信息，寻找他们的弱点。

小张业务能力很强，但是喜欢吹牛，在外面跟朋友聊天的时候，喜欢吹嘘自己多能干，帮公司拉了多大的业务等，简直就是没他公司就得垮。小刘也不错，但是他并没什么毛病，李海涛只记得一次路过他工位的时候，看见他在电脑上跟一个女人聊天，他认识那个头像，是经理的老婆。

接下来几天，李海涛做了三件事。第一件，下班后悄悄跟着小张去了他常跟朋友聚会的酒吧，找机会悄悄在小张他们桌下放了支录音笔。第二件，他了解到小刘和经理的老婆原来是大学同学，还经常聊天，但他知道这不仅不是小刘的优势，反而是他的劣势。他找机会复制了小刘的聊天记录。

几天后，前台收到一份给经理的快递。一周后，入职五年的李海涛终于被提拔为业务经理。

这并不是一个很复杂的故事，李海涛也并没做错什么。小张只是爱吹牛，小刘恰好跟经理的老婆认识，这都不是什么大事和错事，但也确实是事实存在。李海涛只不过用了些手段，将这些事的负面效果暴露给正确的人而已。

李海涛想通了：必须突破自己固守的观念才行之后，这件事情就不再是他和竞争对手之间的事情了，而是自己和自己的。没有突破，就不会有结果。

4. 一只潜力股的自我修养

初入职场，每个人都应该把自己当作一只潜力股，在努力工作的同时，也要学会保护自己。

该做的事情你做了，可能是无用功；不该做的事情你做了，可能会变成你玩忽职守、责任心不强。在矛盾层出不穷的职场中，游刃有余、滴水不漏地做好自己，才是制胜的关键。

作为一个在学历、经验、能力方面都不输人，但也不能超过别人很多的人，你要在职场中脱颖而出，又不想成为众矢之的，必须遵守以下九条原则。

第一条：“永远争第一”不能是你的口号，也不能是目标，必须争取成为第二名。如果你是第一名，将因缺乏帮助而成为第二名或更低的名次，保不住第一名的位子。而第二名永远处于得道多助的位置，它的坏处就是永远不能成为第一名——幕后的第一名也不错。枪打出头鸟，在你没有能力与所有人抗衡的时候，记得让自己保持在一个可上却不可下的位置上。

第二条：必须明白加班是一种艺术。如果你只是在上班时间做事，会因为没有加班而被认为不够勤奋；如果你常常加班，会被认为工作效率低下而不得不去加班。适时的加班才是你加班的真正价值所在。

第三条：必须理解“难得糊涂”的含义。糊涂会让你被人认为没有主见，不糊涂则让你被人认为难以相处，“难得糊涂”的玄机在于糊涂的时机，而什么时候糊涂取决于你不糊涂的程度。这句话说得有些绕，其实就是告诉你：“世事洞察皆学问，人情练达即文章。”要心里明白，但是不能处处表现出来，偶尔装装糊涂会让你更加受人欢迎，否则处处受人提防。

第四条：必须明白集体主义是一种选择。如果你不支持大部分人的决定，你的想法一定不会被通过；如果你支持大部分人的决定，将减少晋升机会——有能力的人总是站在集体的反面，但站在集体反面还要与人和平共处。

第五条：必须论资排辈。如果不承认前辈，前辈不会给你晋升的机会；如果承认前辈，则前辈晋升之前没有你的晋升机会——论资排辈的全部作用，是为有一天你排在前面做准备。隐忍并不是胸无大志，而是韬光养晦。

第六条：必须学会不谈判的技巧。利益之争如果面对面解决，它就变得无法解决；如果不面对面解决，它就不会被真正解决。一个最终的原则是，利益之争从来就不会被解决；我们要做到的是让对方感觉到已经双赢。

第七条：必须懂得表面文章的必要性。能做会议幻灯片的，不要私下讨论；可写报告的，不要口头请示，如果一件事你已经完成，但之前没有交计划书，那等于没有做，因为做老板的都固执地认为，看计划书是他的事，执行是下面的事。如果一件事你做完了，但没有向老板汇报，也基本等于没做，这种行为也是需要避免的。

第八条：必须与集体分享个人的成功。所有人都是蜡烛，要点燃自己并且照亮别人。如果你只照亮自己，你的前途将一片黑暗；如果你只照亮别人，你将成为灰烬。其实照亮自己和照亮他人并不矛盾，照亮自己的同时，留下余光与他人分享，那么他人也会与你分享。

第九条：必须遵守规则。任何一个圈子都有其内部的规则，必须先弄清圈子里的规则，然后按规则办事。要被人认为是一个遵守规则的人，而且懂得按潜规则办事。显规则和潜规则往往相反，当二者发生冲突，应按显规则说，按潜规则做，这是最高原则。

小丁是个性格开朗的应届毕业生，通过校园招聘进了南方一家知名的汽车公司做技术员。对于自己的第一份工作，他很重视，也很努力，无论是工作业绩还是技术创新上，都做得非常出色。作为一个新人，他不仅得到了领导的赏识，还得到了许多同事的认可。

但是在第一个季度的员工互相打分评比中，小丁在全公司员工中排名很靠后。他开始有些纳闷，想不明白为何会出现这种状况，后来自我安慰，可能新人就是这样的待遇吧，毕竟内部评分涉及升职和奖金，理应是一些老员工有优先权。

之后小丁依然热火朝天地投入工作当中，没有把内部评比当一回事。他的业绩依然鲜亮，但是领导和同事对他的态度并没有以前那么好了。公司采取的是末位淘汰制，连续三个季度的评比小丁都是倒数几名，所以到第三个季度结束的时候，小丁接到了解聘书。

拿到解聘书的小丁目瞪口呆，实在不明白到底发生了什么。离职后的小丁没有马上找工作，而是休息了一段时间，思考自己为何会在这家公司遭遇失败。

在工作能力上，他是没有任何问题的，问题肯定是出在那几次内部评比上。而内部评比是所有员工不记名打分的，所以他被解聘的原因应该是周围的同事对他有不满。可是他觉得在平时的相处中，大家都没有什么问题，为什么评比的时候，大家都不约而同地给他低分呢?

小丁反思了很久，终于找出了自己的问题所在，并用一个小本子把自己的问题都记录了下来：

第一，自己太招摇，一上来业绩就超过了很多老员工，这会让别人难堪，同时有些经验别人一定不会告诉自己。

第二，有时候领导的一些策划案交下来，小丁都很尽责地去帮领导修改方案，使其看上去更加完美，而不是按照领导的意思去实施。这样虽然产品能做得更好，但领导必然会有挫败感。

第三，车间会议的时候，他每次都能提出很多新鲜的点子，导致很多时候开会成了他的独角戏。

第四，每个项目都是大家一起努力的结果，小丁在做自己的方案的时候也会征求大家的意见，以完善自己的方案，但是提交的方案书上，他从来都没有体现出这一点，而只是署上自己的名字。

第五，平时自己就是上班、加班、休息，晚上或者周末同事约在一起吃饭、喝酒、打球、唱歌，他都没有参加过，甚至到后来都没有人叫他。

经过长时间的思考之后，小丁终于明白自己为什么会遭遇第一份工作的失败了。此后，他再次求职，并很快在一家更大的公司成功就业。

在新的岗位上，小丁时刻都把自己的那个小本子带在身边，提醒自己成为一个合格的职场人，在业务能力之外，有哪些地方是需要注意的，哪些地方是需要加强的。

不出意外，三年之后，小丁就被任命为该公司最年轻的技术部经理。

善于总结是职场人最可贵的品质之一。身在职场，我们明面上看见的东西很有限，更多的东西是要靠私下里摸索总结才能明白的，而决定一个人命运的东西，往往就是这些看不见的部分。

一个人的工作能力再出色，当遭遇看不见的障碍的时候，必然会寸步难行。要会观察会总结，在观察和总结中不断地自我修正、自我提升，才能使自己的能量完全迸发，使自己的职业生涯得以顺利发展。

5. 道德和理想无关，和价值有关

初入职场，我们需要对自己原本的道德底线做一个调整。很多事情，原来看起来是对的，在职场中未必就那么对，而原来看来是错的事也未必就是错的。对错的差别并不是那样简单。对错的判断已经不像原来那样简单，而是取决于每个人心中的判断价值。

那么，职场判断是非对错的准则是什么呢？是价值，或者叫作“利益”。

在我们弄清楚自己的价值之前，需要先了解一下一个企业的价值所在。有一个主流观点说：一个企业有没有价值，在于你有没有为社会创造价值。其实，这话只说对了三分之一。企业的使命有三个：其一，为老板和股东的利益着想，要赚钱。其二，为老板的梦想服务，是其实现梦想的工具。其三，为社会创造价值，是社会单元。这个排序有点冰冷，撕去了一些面纱，但实际上就是如此。当很多老板赚钱了，梦想实现了，社会自然就进步了。企业存在的价值，是以这三条为衡量标准的。

无须隐瞒，更不需要美化，职场本身就是个名利场。在名利场里面追逐名利理所当然，目标并没有什么不道德，只有方法上的道德不道德。你的职场价值在于你所创造的利益——对公司的利益、对领导的利益以及对平级同事的利益，这与你的道德无关。

绝大多数上司最关心的都是自己能在这个位子上坐多久的问题，为此会关心业绩指标和考核。但是保持公司的稳定，是坐牢位置最重要的基础。如果公司为了业务创新而导致核心人员变动，或者冒一些不确定性过大的风险，进而被底下的副总利用，影响到自己的位置，他会第一个跳起来反对。当然，他会冠冕堂皇地做这一切，让任何人都觉得他是为了公司的长远发展考虑，其实他考虑的只是自己的长远利益。如果没有长远的预期，那他要做的只是在现有的位子上扩大自己和管理层的福利，为自己捞取更多的好处，利用公司为自己捞取更多的人脉关系和社会影响。然后，等公司要对付自己的时候，可能还会反过来给公司一刀。这时候，道德和自身利益出现冲突，没有人会为了工作而活着。

卢杰原来在一家国营出版单位工作，因为工作能力出色，被另外一家颇具实力的民营公司高薪挖走，担任编辑部主任一职。

因为在圈内人脉很广，案头工作也做得很出色，所以刚上任就很得公司领导赏识，不到三个月就晋升为副总编。在公司内是一人之下万人之上，实际上已掌管了公司运营的各个环节。他要做的，就是统筹好手下人的工作，然后在老板那儿做好汇报。

新官上任，卢杰把手下的几个编辑部主任轮流请到家里做客，一番推心置腹，并私下里送了些小礼品。为此，大伙儿对他的工作无不支持。

其实卢杰来了之后，公司的整体业绩并没有提高，相对前任反而还有所下降，但是他的位置异常稳固，而且老板还经常在公开场合提出表扬。

之后公司出了几件大事，因为卢杰的疏忽，蒙受了几笔不小的损失。但是责任全部让几个主任承担了，辞退的辞退，罚款的罚款，卢杰安然无恙。

后来大家才知道，卢杰最深厚的功力不是在管理上，而是在案头工作和伺候老板上。每个项目的文案，他都做得赏心悦目，让老板很高兴。其次，老板好酒，卢杰也是海量，经常把老板伺候得飘飘欲仙。因此，每次出了问题，卢杰推卸责任，老板丝毫也不会怀疑，手下的人受过他的恩惠，自然也不相信是卢杰在背后落井下石。

到最后，因为公司账目亏损严重，老板终于开始彻查，卢杰自然因责离职。离开后没多久，他把原来民营公司被处罚的下属骨干全部带回了原单位，还带去了不少这边的资源，回到原单位自然又是一路高升。

每个上司都需要两类人：一类是能干活儿的，一类是忠诚于他的。

如果只能干活儿，而看不出对老板多么忠诚、放心，你一定没有晋升的机会，你唯一的机会就是继续干活儿，成为老黄牛。如果你只有忠诚而没有很强的业务能力，没关系，你总有一天会上去，因为忠诚比能力更稀缺。如果你能力太强了，即使你很忠诚，老板也会留一个心眼，谁知道明天你会不会取而代之呢？《春娇与志明》里面，老板带了爱偷懒但能力并不出色的春娇去北京，就是因为这样就没人跟我抢饭碗了。所以你需要有能力，但不一定有很强的能力，重点是对老板一定要忠诚，这是晋升最快的途径。努力工作并不一定就是成功的关键。

如果你很能干，好啊，继续干去吧，别怪上司不提拔你。你干得好，说明你胜任这个位置，既然没有人比你更能胜任这个位置，那怎么舍得让你离开呢？从另一个角度说，如果提拔了你，谁敢担保你在新位置上还和过去一样那么能干？

这些事，是一个普通人怎么琢磨都没法儿解释的。确实，职场本来就无常理，如果你带着传统的思维和道德观来开展工作，只会四处碰壁，一败涂地。读到这里，你该推翻自己原来的道德观念了。所谓道德，和理想无关，和价值有关。

6. 找准衡量你价值的标杆

曾经看过这么一条标语："员工的价值在于为部门创造价值，部门的价值在于为企业创造价值，企业的价值在于为社会创造价值。"这里面有冠冕堂皇的成分，但也有冰冷的规则内涵。

任何事情都要有一个衡量的标准，应聘时的衡量标准是你的简历，能否由试用期转正的衡量标准是你这几个月的表现，年终考核时是你全年的成绩，升职考察时的衡量标准是你做人和做事的整体情况。身在职场，你是没有身份证的，你的身份和价值需要靠你创造的价值和体现价值的那些冰冷的数字来体现。

每个人在踏入职场之初，都梦想能够得到一份好的工作，每个月能够拿到多少钱，年薪能达到几位数，正所谓"钱多事少离家近"。等进了圈子之后，我们会发现，职场并不像之前想象的那么完美或者说美满。社会的残酷和无情慢慢会表现出来。当理想和现实发生剧烈碰撞之后，不同的人有着不同的选择，而这决定着他们今后的人生。有的人管不了太多，迫于生存的压力，只要能够先找到一份工作干着就行，哪怕开始时工资并不高，也顾不上职业的理想和最初对于工作的期冀。有的人按照自己的兴趣爱好去找工作，进入面试一等通知一再面试的循环，比较执着地坚守自己内心的梦想。有的为了追求高工资和高薪水而不断地跳槽，在不断地改变自己对社会和职场认识的同时，也在向更高的平台迈进。还有很多类型，就不一一列举了。

职场需要什么样的人？回答肯定是各方面的人才都需要，但是以找准自己的发展方向来找工作这个理论在职场其实并不适用，因为并不仅仅是人在找工作，同时也是工作在找人。公司找人是需要对方来为自己创造利益和价值的，没有老板花钱请人是为了败家的。人是一种善于改变的高等动物，能够根据环境的变化而改变自身的适应能力。只有当你适应了这套规则并开始遵循它，为组织创造利益、创造价值，你才有资格在这个圈子里继续发展下去。

小曾和小孟是大学同学，通过招聘会进了同一家设计公司。

在大学的时候，小曾是学校里的风云人物，活跃在学生会和各个社团，很多校内外的活动创意都是他提出来的。而小孟是一个性格相对木讷的人，但是为人勤快，班级里的一些碎活、帮同学点小忙，他都义不容辞，并处理得非常到位，他在设计这方面的才能只是体现在专业课上，中规中矩，每门都不挂科。

两个人进了同一个单位后，起初小曾还有点儿看不起小孟，觉得他的东西太死板，绝对不会得到老板的认可。果然，进了公司之后，两人的情形确实不一样。小曾很快就提出了很多别出心裁的方案，看上去都颇具吸引力，大家一致觉得小曾在这行会大有前途；而小孟的方案不多，但是每一个都做得很扎实，除了缺乏创意外倒也无懈可击。另外，没事的时候，他在公司跑里跑外，帮公司搬东西，给领导端茶送水，帮同事点小忙的活也没少干，深得大家喜欢。

但是三个月的试用期一过，两个人都被通知没有通过试用。小孟什么都没说，默默收拾自己的东西准备走人。小曾不干了，因为他实在想不通：自己的设计能力那么强，为何没能通过公司的试用期，他拉着小孟要一起去找领导要个说法。

恰好这时设计部的老员工老李路过，他拦住了两个年轻人，把他们叫到了自己的办公室。他给两个人各倒上一杯茶，语重心长地说："别去找老板了，没用。你们是不是因为自己没被聘用，觉得很冤屈？"小孟没有说话，小曾嘟囔了几句。老李拿出公司员工这几个月的业绩单，摆在他们面前，说："你们看看这个就知道了。"

他们俯身过去一看，小曾的业绩项是零，而小孟的业绩虽没有挂鸭蛋，但也很低。再算上他们的工资和补贴，两个人每个月创造的利润都是负值。

两个人一脸的不可思议。老李收回业绩单说："先说你吧，小曾。你年轻，有干劲儿，也很有想法，但是你的那些设计方案，在公司现有的规模和资源里是无法实现的，说严重一点儿，就是空中楼阁，哪怕再好看也没用，无法实现，也就没法儿给公司带来利润。"

小曾还想辩驳，老李打断了他，接着说："你一定是想问，为什么公司不愿意在你身上多花点儿时间培养你，是吧？是的，你是一个值得培养的人，但是那需要时间，也需要投资。对于一个公司来说，赢利永远是第一要素，而创造价值也永远是衡量一个员工的首要标准。而你达不到这个标准。"

小曾低下了头，没有说话。老李扭头对小孟说："小孟你也是，你是一个很好的人，大家都喜欢你，但是你的设计方案太过大众化，没有亮点，所以推销出去的成功率也很低。对比公司在你身上的投入，你创造的这点价值是严重不够的，所以，你也应该明白为什么没被聘用了吧。"

两人默默地离开了老李的办公室，收拾完自己的东西，不声不响地走了。他们的第一份工作，给他们好好地上了一课。

综合各种因素和现状，可以得出一个结论：在职场中，创造价值才是衡量一个人价值的最高标准。当你不创造价值的时候，再高尚的道德、再完美的理想都没法儿帮你保住工作，其自然属性可能是对的，但组织属性是错的，而企业就是组织的一种。

很多员工不明白，为什么我说的方法、技术这么好，能填补市场空白，也能给消费者带来好处，更是为企业的长远利益着想，老板就是不能接受，还给我一顿臭骂？原因其实很简单，你没有找准衡量自己价值的标杆，没有按照职场的价值规律办事。

7. 职来职往的政治艺术

“办公室政治”，一个来自美国华尔街的词，对有些人来说是一个禁忌，但在工作场合它是不可回避的。

简单说来，它就是职场上人与人的不同：观念的差异、利益的冲突都可以看成是办公室政治的表现。办公室政治活动的目的，是为了获得以及保障自身的权利。

所以，既然你无法回避办公室政治，那么就应该充分地利用它。没必要害怕办公室政治，职场中的成功人士，往往就是那些掌握了办公室政治艺术的人！所以关于办公室政治，既然身在其中无法避免，你我就该调整心态，要做，就优雅地做。

如果想避免在办公室斗争中成为牺牲品，最好先找准自己的定位，以及在适当的人身上做点投资，有事发生时也有办法找人相助。

张程拿到会计证书后，进了一家民营公司当核算会计。他认真敬业，把公司的财务管理得井井有条，不到两年就被提升为财务部主管。

公司的老板前不久刚换了个新司机，好像是老板亲戚的儿子，大家都叫他大国。这个大国和前任司机不一样，喜欢占点小便宜，经常拿一些自己的票据来报销。张程出于对老板和公司的负责，坚持原则，没有给大国开后门报销，因此惹怒了大国。

结果，因为大国是老板的司机，还沾亲带故，所以跟老板待在一块儿的时间多，还经常上酒桌陪酒，就天天在领导耳边吹风，说张程的坏话，没多久张程就被解雇了。

张程有点愤慨，想找领导说理去，被财务部的同事拦住了，说："没有用，你斗不过老板身边的人。他给老板开车，随时都可以添油加醋，你哪里躲得掉？还是以后在新单位多长点心眼吧。"

办公室政治的胜利，需要你有意识地去选择你的反应。你要清楚，不管情况如何恶劣，能决定你的心情和行动的，只有你自己。

有三招，大家不妨试试：

1. 双赢才是真的赢

人们感到不公平，是因为他们觉得被误解。事实上，比起先去理解别人，我们本能地更希望能先得到别人的理解。不得不说，试图了解对方是一个化解敌意的很好的方法。一旦对方觉得你了解他，作为回报，他就会减少防备并乐于去了解你。这创造了一个开放的交流平台，可以产生双方都接受的解决方案。

要学着思考"在这种局面下，如何实现双赢"。这需要你先了解对方的观点和他能从中得到的利益，其次，明白你能从中得到的利益，然后努力寻求一种双方都能接受的解决方案。这样做，将确保所有人都真正为之工作而不是嘴上功夫。

人们讨厌失败。在胜负思维下，你可能会赢一两次，但很快你会发现自己在职场中被孤立。双赢思维，是一个能帮你建立同盟、获得长远利益的持久的方法。

2. 嘴巴要上锁

你可以不聪明，但不可以不小心。不聪明的人，最多笨拙一些，事情做得差一些，在职场上，这不是很大的罪过；但不小心就会随时触犯别人的利益，犯下得罪人这个职场大忌。所以，一定要管牢嘴，能不议论同事的时候就不议论同事，能说人好话时就别说坏话。

别认为你私下说的话老板就听不到。老板能知道一切，这是真理。在职场上，只要你不是一个人自言自语，就得担心谈话对象会把话传出去。而经验告诉我们，每一句对公司的议论，最后都会传到老板耳朵里。所以你跟任何人说话时，都要好好想想，该说什么，不该说什么。不该说的绝对不能说，可说可不说的也不说。

金庸曾经也说过，他年迈耳背后，该听见的话就能听见，不该听见的话就听不见。当有人要你当面表态站队时，如果不管怎么选你都是错的，那么装傻就是最好的选择，这是没选择时最不易犯错的方法。别担心装傻的样子很拙劣，即使每个人都看出你在装傻，他们依旧拿你没办法。真正倒霉的是那些明确表态的人，有这些人牺牲，怎么也轮不到你。

3. 在心里留本账

在职场上，那些总认为自己最聪明的人，一定是跑龙套的命。要知道，真正聪明的高手都是大智若愚的智者，该精明时精明，该糊涂时糊涂。

当上司对你说你是他的人时，心里一定要清楚，上司并不是你的人。你是他的，他是他自己的。当你的事情与上司的利益有冲突时，他会毫不犹豫地出卖你。无论何时都要记住，你是你自己的，只有你才能对自己负责。别相信上司故作亲近的话，那随时都会是陷阱。

当上司相信你，让你做一些事情时，心里必须有本账，别傻兮兮地什么都做。你要站在上司的立场上去考虑问题，了解上司为什么要这么做，能达到什么目的。然后再以自己的立场抉择，有些做，有些推脱。

面对办公室政治的挑战，不要去追求绝对的公平，而是应该找到一个方法，游刃有余地控制，并且试着享受。当然，也不必为了工作完全出卖自己的人格，太清高是不行，太卑微也不必。做好自己的本分，理解工作本就不是一件高兴快乐的事情，将工作中发生的各种偶然性事件都当成问题去处理，心态就会宽容一些。

办公室政治是一门学问，千变万化，但仍然有其基本的规律。如果绕不开就参与进去，学会正视矛盾，学会保护自己，学会处理关系，这样才能立于不败之地。

8. 大尺度突破自我才能成功

不要认为大尺度的突破自我是一种损人利己的邪恶智慧，就是让人没有廉耻、没有人情味儿地使用各种手段来达到目的。这无疑是一种偏见。实际上，我们无法简单地判定一种智慧究竟是正面还是负面，是值得提倡还是应该加以消灭。作为一种看待和解决问题的思维，它本身并没有正义与邪恶的划分，完全取决于被如何使用。就像一把锋利的尖刀，用来诛杀盗贼就是善，用来屠杀良民就是恶，而尖刀本身与善恶没有绝对联系。

每个人的人生历程都有这么一个过程：

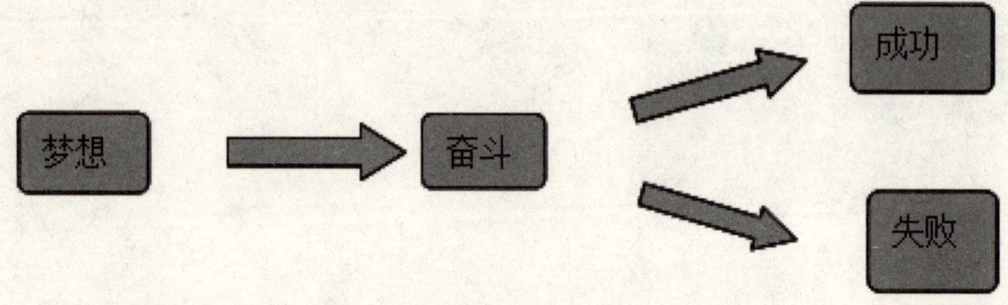

当然，有成功就有失败。每个人都不会希望自己的最后一步是走向失败，可是现实生活中有很多不尽如人意的例子。我们怀揣梦想，我们努力奋斗，最后等待我们的结果，却是向下的那个箭头——失败。

那么问题出在哪儿呢？梦想没有错，追求成功是每个人的终极目标，也无可厚非。那么，你就明白了，问题出在中间那个环节——奋斗上。

是的，我们都会努力地去学习并实践常规的方法，在不违法和不损害他人利益的前提下，突破禁锢自己的那些心理枷锁，做一些有利于自己的事情，并没有什么不妥。

我们这里所说的突破自我，并不是教你如何发挥自己的潜力，突破自己的极限，而是在职场上要多留一个心眼。要心机在职场上并不是不道德，这只是一种自我保护的方式。

罗林刚刚进入职场的时候，就有很多前辈告诫她，在工作中要机灵点，要善于察言观色，千万别出岔子，否则，辛辛苦苦干多少年都没有前途。

罗林觉得大家有点危言耸听了，工作而已，哪有那么复杂？她不是个八面玲珑的人，觉得努力做好工作，不过多地参与办公室的议论，也不跟任何一个人有亲密的交往，对所有的领导都彬彬有礼就行了。

经过几年的打拼，罗林的工作业绩有目共睹，得到了所有领导的认可。有一天，公司的总经理邀请她一起吃午饭，她不好意思拒绝，就跟总经理一起去了。很快，办公室就有传言，说罗林跟总经理私交很好，很快一部分人对罗林突然很热情，而另一部人就开始疏远她。

刚开始罗林还想跟人争辩，后来发现越争辩越复杂，议论反而更多了，一个副总甚至还经常故意揶揄她，让她难堪，罗林实在没有办法。后来一想，虽然有人疏远自己，不是还有一群人讨好自己吗？一个人不可能让所有的人都喜欢，那就索性好好地利用这个机会，改善一下自己这么久都没得到升迁的境状。

之后，罗林对这些流言充耳不闻，反而跑总经理办公室跑得更勤快了，有事多汇报，没事也端茶送水地跑。这样一来，她跟总经理建立了更好的关系，其他人反而对她没再多说什么，还有些人找她帮忙，给总经理传话、提交一些意见。

半年之后，一直揶揄她的那个副总被外派调离，这个位置居然没有人竞争，大家一致推荐罗林担任。就这样，罗林直接越级升职，当上了副总。

在办公室政治中，你还有可能发现自己卡在两个对立的权力人物之间。他们试图欺骗对方并捍卫自己的利益，于是将你扔来扔去，你的工作成了代价。你不能让他们对一个决定达成共识，也无法让他们承担工作的责任，他们太害怕会被人在背后捅一刀。

在这种情况下，你得专注于工作本身，而不能偏袒他们中的任何一方——即使你偏爱其中的一个。把他们放在一个共同的沟通平台上，并确保不同团体间有开放的交流，使任何人都不能说类似“我没这么说过”的话。

杨志是一家报社的编辑，现在的他正愁着稿子怎样处理。原来，在选题会后，部门主任特意把他叫过去，针对这一期的选题给他布置了一个特别的任务，可副总编之前给他下达的命令和自己部门主任下达的命令有明显的不同。两个领导都是个性极强的人，得罪哪边都不行，这下可把杨志给难住了。

下属遇到主管不和，就像夹心饼干，若不懂得明哲保身而涉身其中的话，纵使错根本不在自己，也往往会成为矛盾的牺牲品。尤其是职场新人，不知如何处理这种情况，当情绪累积到一段时间后，就会变成负面的抱怨与批评。

如此一来，这些抱怨与批评难免会传到直属主管耳中。不断地恶性循环，会使自己与直属主管间产生不信任，因而在单位内难以立足，最后只能选择离开。

当上级主管与直属主管的命令不一致时，你要学会“利用”第三者。这个第三者最好是与直属主管平级的主管，而且这个第三者要在组织内具有公信力，让他替自己去与直属主管沟通。把这一情况说明后，让自己的直属主管去和上级领导沟通。下属与直属主管之间的互信很重要，下属只能提醒直属主管，上级领导的要求有什么地方不同，这样才不会犯越级报告的大忌。让直属主管自己去协调或定夺这一事情，比你自己去处理有利得多。

当然，游戏规则有红有黑，我们可以不赞成，但是不能不正视。即使你真有净化小环境的才能和抱负，也得先立稳脚跟，然后再去寻找施展的机会。

第二章
脱掉枷锁拼职场，胆小别上

1. 办公室的诱惑与陷阱
2. 起码的职业素养不能丢
3. 混的是资历，拼的是眼力
4. 不怕起点低，就怕境界低
5. 锋芒要藏，心眼要长
6. “抢跑”时机不对很要命
7. 你的座位，决定你的格局
8. 要么稳，要么狠，要么滚

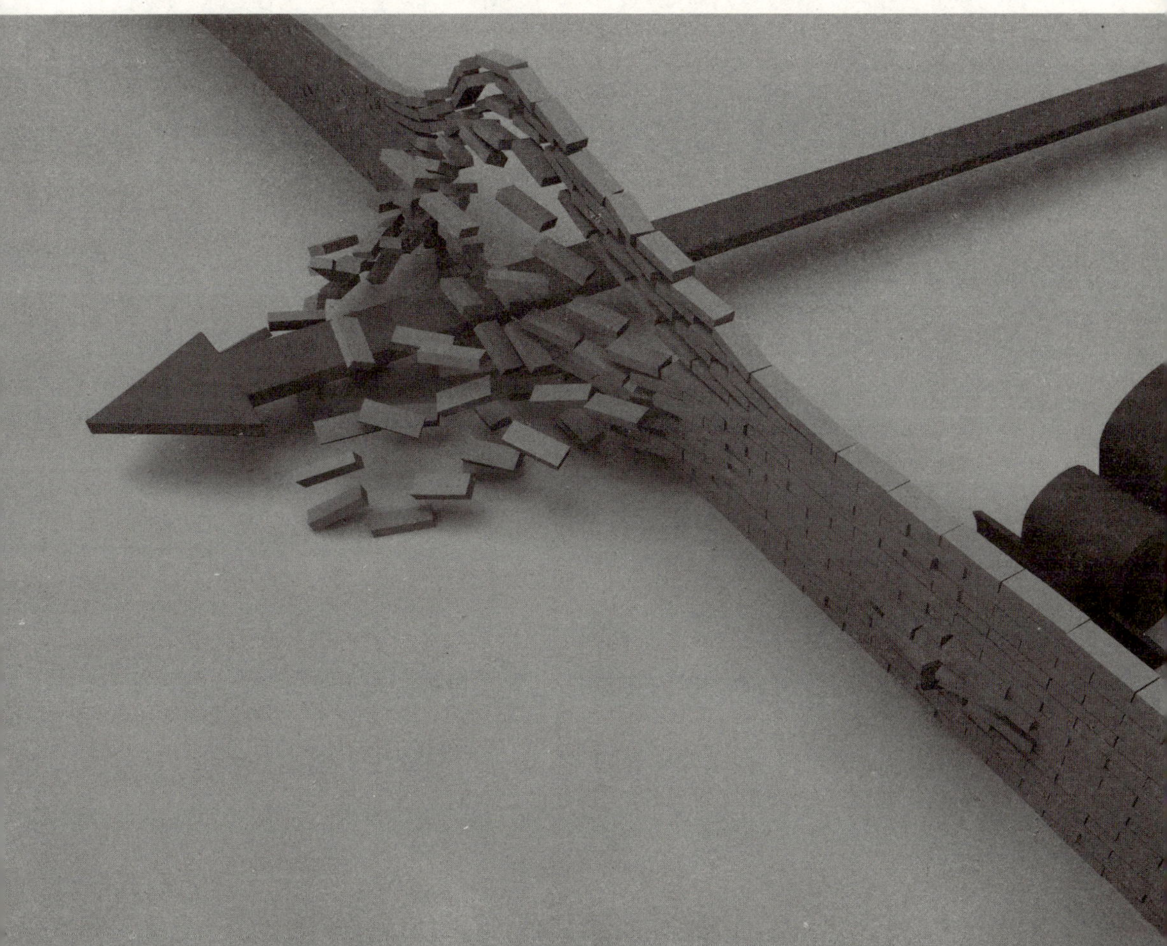

1. 办公室的诱惑与陷阱

在办公室中，与同事交往时，必须练就人与人之间虚虚实实的应对技巧。自己该如何出牌，对方会如何应对，都要考虑清楚，这可是比下围棋、象棋更开发大脑、更具趣味的事情。

丽丽毕业后到杂志社担任美编工作，她生性沉稳，谨言慎行。无论何时何地她都会很好地保护自己，凡事不争不抢，但是应该自己得到的也会分毫不让。

在同事眼中，丽丽属于“事少”但是肯干活的人。这样的人表面人缘自然不会太差，与任何人都没有冲突，关于丽丽的一切就都显得十分神秘，大家恍惚间觉得社长似乎是丽丽的一个什么长辈，对她照顾有佳。大家就在猜测丽丽可能是社长的什么亲戚的女儿，加上她对名利又看得很淡，所以大家在她面前都谨言慎行起来。

编辑部小秦外表看起来大大咧咧的，常以“爷们儿”自居。每天中午她都与丽丽一起吃午饭，像个大姐姐一样对丽丽照顾有加，别人和丽丽有什么小误会的时候，小秦都会挺身而出，为丽丽据理力争，不怕得罪人。

丽丽觉得小秦是个很值得交的朋友，于是慢慢地打开心扉，讲述自己的人生经历。她童年时父母离异，长大后通过身为高官的三姨父认识了杂志社社长，但社长也仅仅是卖个人情给丽丽的三姨父而已，对丽丽只是表面上的关心。

丽丽在小秦身上得到了缺失已久的温暖，一股脑儿把心里的话全部跟小秦说了。

小秦与丽丽成了办公室公认的好姐妹。但是没有人知道，小秦在编辑部主任那边拿丽丽的家庭经历打感情牌，宁可自己在同事面前替丽丽挡枪，也要在主任面前演出自己为朋友两肋插刀的戏码。

主任是名年近五十的中年女性，在同情丽丽的同时，也深深被小秦的“仗义”所感动，又不用顾及丽丽的姨父与社长的交情，于是小秦在优秀员工的评选中再一次连任了。

在这个故事里，丽丽并没有被小秦坑害到，但是不知不觉地做了小秦的垫脚石。反过来想，在我们不向同事透漏自己的秘密的同时，是否也能在不伤害别人的基础上“利用”别人的秘密呢？

答案是肯定的，关键在于我们怎样审时度势，掌握与同事谈话的分寸。职场更像是竞技场，每个人都可能成为你的对手，即便是合作得很好的搭档，也可能突然变脸，他知道你的情况越多，就越容易攻击你，你暴露得越多越容易被击中。不要聊私人问题，也别议论公司里的是非长短。你以为议论别人没关系，却不知用不了几个来回就能绕到你自己头上，引火烧身，那时再逃跑就显得被动了。如果别人对你说出秘密，也交换了你的秘密，你就要小心了，如果你说出他的，他就会说出你的。

小莉是一个刚进公司的新人，工作做得蛮出色的，就是整天没有一点儿笑容。

公司的李姐很热心地邀请小莉一起去吃饭。聊着聊着，李姐就告诉了小莉自己的秘密。听着李姐的这些事，小莉不禁愣住了，原来李姐也喜欢某个领导，就觉得她和自己惺惺相惜。于是乎，小莉把自己的心事也全都说了出来。

原来，小莉爱上了自己的上司。没过多久，同事们都用一种奇怪的眼光看着她。终于有一天，马姐偷偷地对小莉说：“你的事，大家都知道了！其实，你的事不该告诉李姐，她是个大嘴巴。”

“可是她，她不也一样……”小莉疑惑地说道。

马姐笑笑，对小莉说道：“什么一样？人家李姐和她老公幸福得很哦。”

小莉的失败在于以为别人与自己有相同的遭遇，就轻易地说出了自己的秘密。我们要知道，不论对别人说自己的秘密，还是去听别人的秘密，都没什么好处。你可能有“短利”，也可能有“长害”，何况在秘密传递的过程中又会产生许多副作用。

要跟一个人建立特别亲密的关系，最直接的办法就是分享他的秘密。为了达到这个目的，人们会使用各种手段，他们可以为你算命，为你填表，请你做心理测验，也可以用他们的秘密来交换你的秘密，甚至用“假秘密”换你的“真秘密”。

对于办公室的这种情感诱惑与陷阱，有“三不”规则，要注意避免：

第一，不苛求绝对公平。所有人齐心协力就是件很难办到的事，遑论能得到绝对的公平？总会有厚此薄彼、照顾与冷落的事情发生，要以平常心看待，吃一点亏无所谓，至少你还有机会。如果你去计较，你很快就会出局，连下一次扳回的机会都没有。

第二，不讨论是非。在办公室里讲八卦新闻是一个常见的调节气氛的项目，同时这也是件非常危险的事情，一不小心触及同事甚至是领导的隐私，结果就可想而知了。不参与可能会丢掉人缘，参与就可能丢饭碗，孰轻孰重，自己衡量。

第三，领导永远摆在第一位。身在职场，你的前途都抓在领导手里，他实在是你必须要供奉的人。

另外还有两种态度，让你能从容应对办公室的诱惑与陷阱：

第一，自认俗物，平常对待。陷入风暴中的主角永远是那些张扬、自以为是的人物，平常人才没有让大家去“讨伐”的价值呢。所以，最好放下身段，自认俗物，有时候生活在夹缝里的小草，反而能获得更多的阳光。

第二，将心比心，理解他人。在一个人陷入麻烦的时候，隔岸观火和不加理睬不是明智的选择。这时候，人最需要的是另外一个人的理解。如果你能将心比心，挺身而出，其实并不需要做什么，就是几句安慰性的话，也会让人对你好感倍增。

2. 起码的职业素养不能丢

何为职业素养？简单解释，就是一个人在工作中所具有的能力及品行。职业素养包括你为人处世的风格、一言一行、工作态度等。这些品质并不是与生俱来的，它需要后天的培养。从呱呱落地到咿呀学语，每一个人都是从无知到懵懂，然后渐渐地了解社会、认识社会。随着年龄的增长、心智的成熟、知识的积累，个人在认识社会的同时，渐渐树立了自己独有的世界观、价值观与人生观。各种观念的树立影响着个人对工作的认知，并渐渐形成个人独有的职业素养。

一名员工就像一座冰山，呈现在人们视野中的部分往往只有八分之一，我们称之为“显性素养”；而看不到的则占八分之七，我们称之为“隐性素养”。对员工来说，表现出来的八分之一包括形象、资质、知识、行为和技能，这些可以通过各种学历证书、职业证书来证明，或者通过专业考试来验证。隐藏着的八分之七则由职业意识、职业道德和职业态度三个方面构成。要使员工具有优秀的职业素养，就要重视这三个方面的内容，因为它占员工素养的八分之七，同时还深刻地影响着员工另外那八分之一的显性素养。

显性素养和隐性素养的总和，构成了一个员工所具备的全部职业素养。一个职场人遇到的众多问题，都可以通过员工的显性素养和隐性素养来解释。应届毕业生在显性素养方面表现得还可以，但在隐性素养方面由于没有经过培训，所以比较欠缺，这是很多企业不招聘应届毕业生的真正原因。

员工的显性素养就像浮于海面上的冰山一角，实际上是非常有限的；水底的隐性因素才是在更深层次上影响职业发展的关键。

小曾在几家小保险公司历练了几年之后，终于跳进了一家大的公司，他很高兴，觉得终于有一个合适的平台让自己一展拳脚了。

在前面几家小公司里，小曾练就了一身专业本领，而且在待人接物、面对突发事件上都很有一套，所以在新公司里颇受同事和领导喜欢。但是没过多久，大家又开始疏远他了，原来领导提过的上个季度任务完成后就马上给小曾加薪升职的事，也没了下文。

小曾百思不得其解，不知道自己在哪些方面得罪了同事和领导。原来，之前小曾一直在一些小公司，这些公司的规章制度并不健全，小曾有几个致命的问题之前没有被捅出来。在新公司站稳脚跟后，他自己还是没意识到。

譬如在原来的单位因为业绩至上，所以经常有和别人抢单子的事情发生，那时候老板很鼓励这种行为，因为这样能促进竞争，促使大家更加卖力地工作。但是在大公司，讲究的是先入为主，谁先联系到的客户，拿下了就算谁的业绩。同事和领导在必要的时候可以帮忙，搞不定的时候才会换人。但是小曾不管这些，联系到那些同事正在追逐的客户之后，也不跟人打招呼，就迅速依靠自己的能力去抢夺。

还有，之前小曾为了多挣钱，经常接受其他公司的私活，私下里有几个朋友资源共享。到了这家新公司之后，他跟朋友聚会的时候，也经常跟朋友说现在单位的动向和一些客户的资料。这些可都是正规公司的大忌。这个圈子也不大，这些消息七传八传，就都到了领导的耳朵里。

小曾在新公司没有待满一年就被解聘了，理由？当然是职业素养欠缺而被淘汰。

来到一个新的环境，没有经验不可怕，只要肯干、肯学，迅速职业化，便能在短时间内在公司站稳脚跟。可怕的是缺乏必要的职业素养。这里，我们讲几个关于基本职业素养的关键点。

第一，守时。这是一个职场中人必须知道的基本常识。如果时常迟到而不以为意，会给领导和同事造成自己办事不靠谱的印象，也难保以后不会因为不守时而耽误大事。

第二，责任感。一旦进入职场，你就得承担对工作的责任。公司不比家庭和学校，在你随心所欲地行事后，有人为你承担风险和善后，在这里，你只能自己对自己负责，自己对自己该做的工作负责。责任感是一个人做人最基本的要素，而一个成熟的职场中人要有强烈的责任感做支撑，对自己的决策和行为负责。一份工作刚做几天就觉得不是自己理想中的或者嫌待遇不好，然后跳槽，这是很不负责任的行为。

第三，忠诚。这里的忠诚是指对公司的忠诚以及对自己职业的忠诚。既然你选择了一个公司作为成就事业的平台，那在这个组织一天，就要努力工作一天，为其创造价值。

第四，遵守规章制度。任何企业都有它的一套切实可行的管理制度，不管你喜不喜欢，作为新人，遵守制度是基本的职业素养。入职后，应该首先学习员工守则，熟悉企业文化，千万不可认为处处顶撞领导和违反公司制度是一种英雄行为。

第五，做好职业规划。职业的规划和定位不仅在找工作前就要考虑清楚，进入企业以后，也要根据实际情况来调整。新人入职，切记眼高手低，踏踏实实从基层做起，再做长久的规划，是最有利于菜鸟成长的。

第六，切忌好高骛远。很多大学生初入职场，总觉得自己什么都懂，看公司这里不顺眼，那里有毛病，更有甚者会看不起自己的领导。这类心态千万不能有。就算领导和同事的工作方法与自己不同，也要虚心请教，了解不同人的背景和办事风格。领导和同事大部分都经验丰富，如何工作自有其一定的道理，就算有一些错误，你也得尊重领导和同事的做法，然后再提出疑问。

新人初入职场，总会遇到很多难题。难题一多，难免会沮丧，但是千万不可气馁。当你拥有了一个职场中人基本的职业素养之后，你会发现职场并没有那么可怕，你的能力足以应付许多事情。在此之外，多一些坚持，多一点心眼，坚信自己能克服困难，勇往直前，那么你的工作就会越做越好，越做越顺手，光明的职业前景也会向你招手。

3. 混的是资历，拼的是眼力

古人说："人不为己，天诛地灭。"清楚制造办公室问题的人的初衷和卷入办公室政治的人的苦衷，你就不用更不会大惊小怪了。萨特告诉我们：存在即合理！

动物界有其生态链，企业不也有其生态链？每个企业都存在资源有限的难处，而且难免有分配不均的问题，利用一些手段来增加个人的竞争优势，不足为奇。每家公司都有两种组织结构：用图表呈现的是正式的组织结构，而非正式的组织结构就是人际关系。

升职加薪，固然需要努力工作，靠真实才干获得，资历也是可以靠年头熬出来的，但是有点眼力见儿，会让你事半功倍。

职场高手云集，初入职场的毕业生必须牢记"低调"的秘诀。有些新人刚进入公司，就急于表现自己，希望给上司和同事留下好印象，但出风头往往得不偿失。职场菜鸟们一定要注意，即便自己很有能力，也千万要记得给自己和上司留下余地。凡事不能太张扬，显得自己什么都会可不是什么明智的做法，因为公司里的前辈每一个都可能比你懂得多。不清楚业务并不是缺陷，没眼力才是缺陷。职场新人应该端正态度，以"学生"的姿态和"上班族"的责任感来工作。

做好自己的本职工作，比去指点同事的工作更有意义。有的人在单位很勤快，也很会动心思，但是用错了地方，比如，有人看见领导在就赶紧放下手头工作去擦地，领导路过问业务问得勤快而一转身就去玩偷菜，领导跟人说话的时候在旁边插嘴等。职场新人千万不能指望靠小聪明或者一时的表现来获取好感，你的工作业绩才是最重要的。

另一方面，领导对每个员工的表现都心知肚明，但是那些通常表现出色、从不需要老板来指点的人，更可能招致领导的厌恶。原因就在于你“过分完美”的工作让领导无法显示他的才干，这时候，完美就是你的缺点；而那些大错不犯、小错不断，又喜欢和领导接近的人，容易获得更多的机会，因为他们让上司很有成就感，即便日后升职，也会被领导骄傲地冠名为“我培养出来的”。

小林在办公室的身份有些尴尬。她是营销部资历最老的员工，论资历，论能力，都是做营销部主任的不二人选。

但是她又有很多的遗憾和不足：论学历，整个营销部只有她一个人是本科生，大刘还是名牌大学的双硕士；论背景，又不像小李那样有“皇亲国戚”的背景，往往是活都干了，经理的赞赏却总不在她身上；论人缘，又没有萌萌那样八面玲珑，人见人爱，也没有阿春那样事不关己不开口的好性子。

整个办公室只有小林最不起眼，但是她的家庭经济负担又最重，她和老公都是农村出身，一切都得靠自己打拼，她不得不重视自己的那份薪水。

如果小林只想安稳度日，倒也轻松，但是小林心里明白，不能一直这样默默无闻地工作下去。

她开始观察看起来一团和气的办公室，大刘成天吵着要辞职，却从来不行动，任何工作都完成得一丝不苟；小李总说自己懒得干活，实际上是太谨慎，生怕做多错多；萌萌看起来工作是为了学习和积累经验，实际上在领导面前邀功不断；阿春是个佛爷，办公室里的抱怨和对他人评头论足的事从不参与，一旦领导发难，唯一没有纰漏的就是她。

小林发现大家都有自己的小算盘之外，还发现大家共同的弱点就是都讨厌运营部的总监老赵。

老赵虽然是退休返聘的，但连经理也给他几分面子，因此绝对不能把老赵当作一个普通的返聘老领导对待，他的背景一定不简单。另外，老赵也知道营销部个个心高气傲，没有把自己当回事，早就恨得牙根痒痒。

于是，小林铤而走险，故意在老赵面前暗示办公室里说了一些对其抱怨的话，而且所有的话都符合办公室里每个人的性格，加上她平时就是众人眼中最讲义气的，听起来就更加有理有据。这样，小林借机表明了自己的立场，向老赵卖了个人情。

果然，虽然老赵对营销部的讨厌并没有减少什么，但是在实际利益的惩罚上，明显把小林隔离出去了。在领导会议上，老赵提出让小林做营销部的副主任，他觉得至少在营销部要放一个“自己人”。

小林并没有因为自己的职场硬件不如别人而气馁，反而观察出了众人的弱点，虽然打小报告这种事情有些不道德，但是在这样的环境里，小林只能这么做。如果她对这些小手段持不屑的态度，那么她就永远是办公室里默默无闻的那一个，任何好事都轮不到她。

在办公室中，有政治行为是常态，没有政治活动才奇怪。如果你闭上眼睛漠视办公室政治的存在，就如同关上电视拒看台风来袭一样不智，因为你迟早会被卷入其中，有所准备，才有存活的机会。

一个公司里，受宠的往往有两种人——可爱的人和能干的人，最完美的肯定是集可爱和能干于一身，事实上是二者往往不能得兼。所以假设你已经不是前者，那么就必须成为后者，而这离不开眼力。

4. 不怕起点低，就怕境界低

每一位合格的士兵都是从为期三个月的新兵连生活开始的，而刚刚走进职场的“新兵”们，也将面临三到六个月的“新兵生活”。扮演好新兵的角色，给上司和同事留下美好的印象，是这些新兵必须努力做好的功课。

面对这段“新兵生活”，有些职场起点低的人以为自己并不会获得什么关注和鼓励。其实，周围有许多眼睛在盯着新兵、观察新兵，新兵们的一举一动都将成为用人单位决定你去留的依据。

很多人不明白这个道理，他们刚从象牙塔里走出来，不知道社会这潭水的深浅，带着新人的骄傲和还没褪去的天之骄子的光环，穿行在成人的世界里。他们生机勃勃，但好高骛远；他们豪情万丈，但浮躁、缺乏耐心，常常认为自己学识丰富、能力非凡，是当领导的料，于是事事强出头，表现出一副指点江山的架势。这样的人，社会势必会回应他们一个撞得鼻青脸肿的教训。

也有这样一群人，他们的第一份工作虽然是基层岗位，却一步一个脚印，不断拓宽职场空间。他们的成就并不伟大耀眼，但这些普通人的职场奋斗故事显然更励志、也更有借鉴意义：只要肯放下身段，调整好心态，低起点也同样可以获得成功。

这些职场新兵刚到用人单位，所有的工作以及环境对他们来说都是陌生的，诸多事情都不知如何办理，因此多向同事求教才是进步最快的方式。新兵们应认识到自己做的每一件事情，都是向上司或同事展示自己学识或能力的机会。尽管单位一开始不会对新兵委以重任，往往让他们做一些比较琐碎的杂事、小事，但只有做好每一件事，才能取得上司和同事们的好感与信任。

阿阳在办公室像影子一样工作一年了，但大家在聊天的时候经常忘记了还有这样一个人存在。

面对办公室林林总总的是非，阿阳总是躲得远远的，见到领导既不去逢迎，也不在背后议论是非。在领导眼里，阿阳是个踏实肯干、“事儿”少的员工；在同事眼里，阿阳是个无害的同事，她是如同空气一样的存在。

阿阳部门的员工经常在一起闲聊，导致整个部门工作进展缓慢，领导终于下定决心整顿。在公司对整个部门整顿期间，几乎所有人都挨了罚，但是单单没有罚阿阳。

阿阳在公司是负责最基本的事务的，大家甚至觉得她有些胸无大志，因为只做最基本的，工作没有什么挑战性，当然也减少了出大错的概率。

在整个部门整顿人心惶惶的时候，阿阳泰然处之。在马上要出季度考核结果准备裁员换人的情况下，阿阳轻松地帮同事完成了订单任务，既替大伙儿解决了被动的立场，又不耽误公司的正常运营。

领导和同事们这才都意识到，韬光养晦的阿阳真的和空气一样：平时谁也不会在乎空气的存在，而一旦抽光空气变成真空，那么大家谁都难逃一劫。

部门总监的位置毫无疑问地归属了阿阳。整顿也结束了，没有人被迫辞职，办公室爱瞎聊导致工作效率低的问题也得到了解决。

许多人在大学生活中自由惯了，一但走上工作岗位，做不到完全按照工作本身的要求来要求自己。这些人总是对单位内部的规定看得较轻，尽管工作起来干劲很足，但经常迟到早退，而这往往是纪律严明的用人单位最不能容忍的。所以，职场新兵们一定要严格要求自己，上班时一定要早到晚走，决不轻易为自己的私事请假离岗。同时，应抓紧时间多翻阅单位的一些规章制度，多注意观察，尽量使自己少犯错误、少出纰漏。

有的新员工不屑于从琐碎的事情做起。别小看打水、扫地、擦桌子，许多人习惯于从这些小事中品人。新人如果扎扎实实地坚持做这些小事，势必能很快融入新的环境。当有一个新项目或者新机会时，大家就会首先想到那些善于做小事的新同事。

5. 锋芒要藏，心眼要长

《史记》中记载，孔子曾经拜访过老子，向他请教“礼”。老子告诫孔子说：“一个聪明而富于洞察力的人身上隐藏着危险，那是因为他喜欢批评别人；雄辩而学识渊博的人也会遭遇相同的命运，那是因为他暴露了别人的缺点。因此，做人子、做人臣者要谨慎，别太突出自己。”

初入职场的人，尤其是刚刚毕业的学生，往往个性都比较强，认为做什么事情都应该做到最好，越显示自己的能力就越能够得到老板和同事的尊重。这种想法是错误的，有这种想法的人显然把职场当作了学校，在学校里我们可以尽情发挥自己的才华，展现自己的个性，没有人会怪你，因为你和你的老师、同学没有根本的利益冲突。

但职场不是学校，职场不是一个纯粹的言论自由、做事自由的场所，因为你和你的同事、领导在很多时候都处于一种利益相关的关系之中。

有目标、有想法没有错，但是一定要懂得循序渐进的道理。许多职场新人急于显露自己的才能和实力，盼望能尽快得到上司和同事的认可，事事都要争个先手，有时甚至还要来个“抢跑”，所以表现得锋芒毕露，这对于胸怀大志的职场新人来说，有百害而无一利。如果你事事占先，难免会被其他的同事疏远，甚至抛弃。

作为职场新人，过早地“崭露头角”是很危险的，它不仅不会帮助你，还会使你陷入被动。你将自己的位置定得很高，处处显露自己的才干和见识，虽然上司可能会认为你比别人强，但是如果你得不到同事的支持和认可，能力再强又有什么用呢？一旦你处于孤立无援的地位，你就有危险了。你一旦有所闪失，轻则说你还欠火候，重则落井下石，认为你这是自高自大的最好的报应。

锋芒毕露，会使你过早地卷入升迁之争。升迁之争必然带来残酷的淘汰，由于你是职场新人，在公司目前还无足轻重，所以你有可能在一种不公平的暗箱操作和利益交换中，成为无辜的牺牲品。

因此，新人无论如何不要一来就跟“老资格”较劲儿，你的根基还不够稳固，经不住职场残酷的风吹雨打。如果你现在还不具备足够的实力，那就不要一股脑儿地亮出自己的十八般武艺，跟武林大会上一样，先亮绝招的肯定先下去。

丽丽初入职场，对于杂志社的绩效奖励向来不争不抢，同事们对这个新来的女孩也就渐渐放下了戒心，而且整个杂志社就两个美编，专业冲突也不大。然而，当丽丽的专业才华渐渐凸显的时候，另一个美编小佳开始感到不安了。

论资历，小佳的经验绝对比丽丽丰富得多；但是讲到灵感和创意，丽丽则更胜一筹。过去小佳一向按照固有的模式做事，工作既轻松又不容易出错。可是丽丽入职后向主编提出了一些改动版面的建议，得到主编的青睐。而主编也开始对小佳表现出明显的不满，这些问题为什么这么久都没有发现呢？

毕竟小佳是杂志社的老人了，同事们看见小佳受委屈，联想到改版后自己也会多一些工作任务，也都埋怨起丽丽来。当丽丽发现状况后，虚心地向小佳请教，再有建议的时候，并不会向主编直接提出，而是向小佳“请教”这么想可不可以，以一个学习者的姿态向小佳反映情况。

毕竟小佳有着多年的经验，为人也比较善良，两人商量后便由小佳向主编提出，月底主编决定给美编部奖励，两个人都有份。

在不与同事恶性竞争的情况下，丽丽既向小佳学习了宝贵的经验，也获得了奖励，更笼络了人心，这可比她作为一个新人直接向主编提建议能获得的利益多多了。

谁都希望刚开始的时候就给单位留下良好的印象，这没有错，但要把握分寸，做得过火往往得不偿失。丽丽给我们的教训就是：对于选定的职位，只表现出自己胜任那一职位的能力即可。不要锋芒毕露，还没有完全融入办公室就先树敌，这对你有百害而无一利。

电影《阿甘正传》也能对我们有所启示。因为你居下，就没人把你看成竞争对手，就没人想方设法算计你。因为你居下，许多自认为“高”的人，才会愿意帮助你，让他获得一种虚荣心的满足。

正因为你不争，所以天下才没有人能和你争，这才是争的最高境界，才是大争。阿甘明白这个道理：他上越南战场，从来没有说要争取当一个英雄，结果他成了英雄，还受到总统的特别接见。而阿甘的上级，出身于军人世家的上尉，从一开始就争取当一个战争英雄，为家族争光，结果失去了双腿，被自己看不起的傻瓜阿甘救了一命。

不争，并不是让你根本不行动，而是要你不动声色，不显山露水，不做无谓的斗争。无谓的争斗，只会消耗你的能量。逞强的行为，等于为自己树立强敌。盲目出动，只会让自己失去方向，迷失自己。只有在不争的状态下，人才能时刻保持冷静的智慧，才能做到像阿甘一样简单和单纯，才能“居下”，才能“顺势”，才能成功。

仔细看看周围的同事，那些有经验有能力的，大都毫无棱角，言语如此，行动亦然，个个深藏不露，好像他们都是庸才，其实他们的才能远在你之上。这些人好像个个都胸无大志，其实颇有雄才大略而愿久居人下，他们不会在言语和行动上锋芒毕露，这是什么道理？

所谓“花要半开，酒要半醉”，一旦鲜花娇艳盛开，不是立即被人采摘而去，就是衰败的开始。在职场上也是这样，当你志得意满时，千万不能趾高气扬，否则你不被别人当靶子才怪呢！

有耐心，学会等待，收起锋芒，是职场的一种境界和技巧。这一点，对于职场新人来说尤为重要。然后，当别人都束手无策时，你的机会就来了。

6.“抢跑”时机不对很要命

从进入职场的第一天起，一场马拉松赛跑就开始了。接下来，多方竞争的局面就摆在了每个人面前，就看谁能突破重围，第一个冲过终点成功撞线。

差不多跟你同一时间进公司的人，是和你站在同一条起跑线上的人。大家都有着明确的奋斗目标，每个人都做足了准备，憋足了劲，要以完美的姿态起跑，超越竞争对手。

作为新人，这是你逃避不了的一场竞争，能否在起跑线上超越他们，取得有利的地位，决定了你在后面漫长的长跑过程中是轻松领跑还是吃力追赶。可是，在发令枪响起的刹那，会有人迫不及待地抢跑——你会抢跑吗?

还有一种“龟兔赛跑”的情况。虽然大家都是新人，又同时进的公司，但是有些人有先天优势——名校文凭啊，超强的专业能力啊，工作经验啊，关系户啊，等等。因此，起跑后，他们很快就会甩下你一段距离。面对这种情况，你是要用抢跑来弥补差距，还是慢慢积累后发制人?

那些公司的老人，在你进公司的时候就已经领先你一段距离了。老员工们自然有很多优势，他们领先的距离是他们用时间和工作换来的，如何缩小差距，追上并超越他们，也是新人们要思考和解决的一个问题。

到底该不该抢跑，我们暂不下结论，先看几件实实在在发生在办公室里的事。

一家生物科技公司的技术部引进了一批名校毕业的新人，张劲和七个技术人员一同前往公司报到。

张劲从接到录用电话那一刻起，就给自己定下了非常明确的目标：要努力工作，以最快的速度，爬到技术主管甚至更高级别的位置上去。对此，他很有信心，在学校的时候，他就是出了名的勤奋，事事争先，而且做事非常努力，力求完美。

到了新公司，张劲很快就投入热火朝天的工作中去，经常提出改善工作的想法。看起来，他比同一批进来的其他技术员都要优秀。但是实际上，其他人的专业能力和工作成绩也很出色，只是做事方式比较低调而已。不过，张劲经常认为别人的方法不如自己的方法科学，有时甚至为了提意见而提意见，在鸡蛋里面挑骨头。

刚开始，大家对他的张扬还能接受，但是时间久了，大家就开始反感和抵触了，甚至出现了一群跟他对着干的人。张劲成了孤家寡人，工作中没人和他搭档，更没人愿意帮他的忙，事事都需要自己去处理，和其他部门的配合也不顺畅。

老板也发现他影响了办公室的工作氛围，于是只好舍小取大，请他另谋高就了。

张劲的抢跑，在最初阶段确实取得了一定的领先优势，但是在综合实力上，他并没有与别人拉开很大的差距，反而被大部队给隔离了，最终导致自己出局。这充分说明，这种高调的抢跑是没有必要的，如果没有绝对的实力远远甩掉别人，最好还是跟着大部队一起行动，以节约自己的体能，等待合适的“弯道”再发力。否则，结果就是被大伙儿追上并抛弃。

一家贸易公司新招了一批年轻的商务人员，其中也有一个抢跑的人。

他叫李强，从简历上看，他智商并不高，工作经验、能力等也不比人强，反而比不少人还逊色一些。但是，他一进公司就抱着笨鸟先飞的态度，任何事都做得非常认真。

认真过头就变成了较真，容易让人觉得不好沟通。但李强的这种较真只体现在工作上，对事不对人。比如，备案的时候，他能发现某个员工没按程序走，有纰漏，或者某业务员的报告里有一些隐瞒和夸大，甚至连公司最德高望重的王副主任的茬他也敢找。

但是，他的这种较真并没有伤害什么人，大家虽然多多少少对他的行为有一些看法，但是他提出的那些毛病是确确实实存在的，虽然当时被提出来有些难堪，但也是给自己提了个醒。

所以真正和李强作对的人并不多，即使有一些人出于私心想找他的毛病，但是李强能够很好地完成自己的工作，并且保证不出任何纰漏，他们也找不到地方下手。所以，抢跑的李强不仅没有被打败，反而成了老板眼中的红人，很快就从同批新人中崭露头角。

智商并不高的李强确实抢跑了，但他是在规则允许的范围内抢跑的，并且稳打稳扎，保住了自己的领先优势。

所以，并不是不能抢跑，关键是得找准策略。蛮横的抢跑，肯定会遭到排挤和打压，被超过是迟早的事。只有合理地抢跑，才能创造并保住自己的优势，从而成功突出重围，先于别人晋升或加薪。

上面两个案例都是新人从同一起跑线上抢跑。接下来，我们来看一个新人超越老人的故事。

新年过后，一家化妆品公司同批招来几个助理，其中小田是拓展部的行政助理。

虽然这些新人不是都在自己的部门，但拓展部部长李强还是对他们进行了观察，他看到其他新助理很快就投入工作中，还经常跟前辈们交流，讨教经验。唯独小田默默无闻地学习公司的规章制度，了解公司的业务，每天来办公室的第一句话就是："李部长，您有什么需要就吩咐我。"

起初，李强因为习惯了一个人做事，没找过助理。直到有一天，李强忙了一整天，从会议室出来，小田默默地倒上一杯咖啡放在他的办公桌上，才让他想起来自己还有小田这么个助理。

自那以后，李强便经常给小田派活。由于之前熟悉了规章制度和业务，所以小田能做得很好，甚至能想在李强前面，在他吩咐之前就把事做好了。

后来，李强高升之际，向公司高层推荐小田接任自己的位置。

小田并没有像别人那样抢跑，而是慢跑着调整自己的步伐和节奏，等到机会就立马加速。此时，那些抢跑的同一批新人和提前跑了一段距离的老人已经没有力气和机会再去跟她竞争了，她就迅速超越别人，跑到了前头。

综上所述，在职场上，抢跑是门学问。如果硬实力过人，能够保证别人追不上，那你可以抢跑；否则就别盲目抢跑了，还是伺机而动，后发制人的好。

7. 你的座位，决定你的格局

职场中的座位决定了你的职场前途?

这可不是道听途说。美国有一项心理调查显示，一个人选择的座位，和你在公司里的地位、状态以及与上司、同事的关系有直接关系。不知大家发现没有，职场红人往往有自己固定的座位，而不同的人有着不同的座位。

通常坐在中间位置的人，都有一点润滑剂的作用，同事讨论问题的时候自我观点不多，比较随大溜，能活跃气氛；而且坐在这个位置的人大都是一个团队的主力，经常受到领导的赏识。

比较靠后的老黄牛们，一般一言不发，你说他们没有听进去呢，其实都在听话地做事，但是你说他们表现好呢，却没有什么出色的活儿，所以坐这个位置的大多是勤勤恳恳的老实人。

还有一种情况，喜欢坐在后方的人，要么是昨晚没睡好，要么是开会迟到了，总之想悄悄溜到老板视线不经常看的地方，好做做白日梦，在纸上画个小人，或者打个盹。

在门口旁边的位置就是传说中的菜鸟位，一般实习生或者职场新人都会怯生生地坐在这里，等着上司或者老员工的指示。通常倒水、开门什么的在所难免，开会中商量事情，也不会有人征询他的意见。

如果你进入公司一个月了还坐在门口或者后排，像无名小卒一样，那你应该采取措施了，再不让老板注意到你的能力，可能连试用期都要延长。什么位置好呢？那么我告诉你，最佳的位置是在老板身边的红人位以及中间的位置，当你要发表自己的观点时，在这里能让老板眼前一亮。

刘俊是个新人，过了前台靠走廊的第一个工位就是他的办公地点。他是个有些内向的人，心有猛虎却讷于言语，但是他的心思很细。

按照公司的规则，各个员工的大小事务都向自己部门的主管汇报，由主管筛选后统一递交给老板拍板。

刘俊的业务能力不错，但因为是新人，有次不小心得罪了部门主管。之后，他的一些工作方案虽然都做得很棒，但每次汇报给部门主管之后，要么被压下来了，要么就被主管略做修改之后，当成他自己的成果递交给了老板，并屡屡得到称赞。

刘俊有点按捺不住，想找老板说明情况，但是作为一个新人直接找老板不太合规矩，老板信还好，不信的话以后在这儿就更难混了。他仔细回想了一下，发现老板每天来上班，都喜欢扭头看看走廊边上这些工位的办公桌，他心里就有主意了。

他先是一改自己办公桌上乱七八糟的情形，把办公桌整理得很养眼，然后在右上角的位置摆了一个盆栽——他记得老板曾经让人送盆栽去自己的办公室。之后，他就经常把自己的一些创意和方案用只言片语写在便笺上，再贴在电脑上。这些事情做完之后，刘俊每天看见老板进来的时候，就假装去厕所。老板走过来还是会习惯性地扫一眼他的桌子，并被上面的盆栽吸引住，干脆俯身过去看看，自然就看到了他电脑上贴的那些便笺，不由得点了点头。

刘俊更换电脑上的便笺也很及时，每天都换，老板每天进来也都会习惯性地扫一眼那些便笺。一段时间之后，刘俊把一些以前自己做的、但被部门主管修改后占为己有的方案，整理归类成一个文档，整齐地叠放在桌子靠走廊的位置上。这天老板过来的时候，很自然就看到了这个，并拿起来翻了翻。

后来，老板找刘俊和部门主管对质——老板此时已经对刘俊有了很好的印象。部门主管本来就理亏，老板这么一问，就缴械投降了。这样，刘俊充分利用自己不太有利的工位，扳倒了部门主管。

美国一项研究显示：因为用手习惯，一般人会更加信任坐在自己右边的人。所以只要你的上司不是个左撇子，你就应该坐在他右边，以便让他觉得安心，有一种把你当自己人的感觉。不信的话，你看众多领导的合影照片，大秘们永远是站在右边的。所以，以后当你和上司同时进入会场时，在他入座后，应自然地坐在他的右手边，并且在他惊讶地看向你时，报以坦然的微笑。

当你需要向坐在长方形桌子对面的那个人展示文件、书、报价单或者样品等资料时，你的目的就是争取最有利的位置，来陈述你的观点或演示。这时候，你该怎么做呢？

首先，你应当将这些资料在桌上依次摆开。如此一来，对方要么会将身体前倾来看这些资料，或者将它们拿到属于自己的地盘上，要么很干脆地将它们推回到你的地盘。假如他探过身来看你展示的资料却并没有将它们拿起来，这就表示你将不得不在自己的座位上陈述观点和演示了。如果事情果真如此，你可以将身体转过四十五度，侧身，然后再进行陈述或演示。不过，即使他将这些资料拿了过去，也并不意味着你可以直接进入他的地盘，因为他的行为只不过是给了你一个请求被允许进入的机会。只有在得到对方的认可之后，你才可以走到桌子的另一侧。但是，你还不能直接走到对方身边，此时，你只能站在对方一侧的桌角，或以合作性的姿势进行陈述或演示。

然而，假如他将你所展示的资料推回到了你这一侧，你最好保持原地不动。

切记不要侵犯对方的地盘，除非你已经用语言或动作向对方提出了进入的要求。不然，你的行为就会被视为越界。

8. 要么稳，要么狠，要么滚

人在职场，身不由己，但是只要掌握好这个圈子的规则，就能游刃有余。该稳，该狠，还是该滚，一切在于你自己。对于稳、狠和滚的理解，也因人而异，不能生搬硬套。

一个刚从学校毕业、进入社会工作的年轻人，在一家公司中从基层做起，面对初次接触的工作，从完全不懂到了解、熟悉工作内容，虽已进入状态，但此时尚没有升职的条件。必须对工作的本质与意义有更深入、更全面的了解，达到精通的程度，亦即对工作项目并非片面、肤浅的了解，而是通盘掌握与贯通，能力才会有明显的升级，才具备升职的条件，有望担任基层主管。这段能力升级的过程，通常需要“稳”。

学会沉静，戒除浮躁。在储备经验和学习的阶段，不论工作多么辛苦，都不要抱怨。与其抱怨连天，不如沉下心来好好做事。只有做出成绩，慢慢积累在职场中的价值，耐心培养你的核心竞争力，主动、积极地去解决工作中遇到的困难，才会让上司对你刮目相看。

在团队中选准自己的位置。一个团队里，成员必有新老之分，其中的待人处世、工作流程的安排等，都早已在老成员那里形成不成文的规定，此时为了融入环境和更快被接纳，你需要去理解和适应，而不是自作聪明的指指点点。

过于特立独行，会给人留下咄咄逼人的印象，从而与团队中的人不能融洽相处。团队关系不佳的人，上司也不敢重用，哪有出头之日？

初入职场的新人在职业生涯的成长过程中唯有稳扎稳打，才能针对工作进行有效的学习。当然，“稳”不能解决所有问题，在职业生涯的漫长道路上，还有各种各样的问题等待我们探索和解决。

身在职场，我们有时候要对自己“狠”一点。只有对自己“狠”，打造出不可取代的核心竞争力，才是在职场上取胜的王道，这种狠才是真的狠。对自己一定要狠，狠下心来学本事，努力把自己的工作成绩搞上去。

这也正是职业规划中经常提到的核心竞争力。一个企业在选用人才时，最看重的是求职者是否有核心竞争力。在职业定位明确后，就要进行有心、稳定且长期的学习，以积累相关的知识和技能，多年后成为某个领域的专家。关键时刻，一旦你出手，所有人都要退避三舍，四方臣服。要狠，就得“狠”在竞争力上。

若雨在一家传媒公司做文秘，每天的工作平淡无味，还很繁杂、辛苦，她一点都不想再做下去，心生辞职之意。

早在一年之前，她就发现自己对人事管理的工作比较感兴趣。当初选择中文专业只是家里的意思，并不是自己的爱好，现在想想，目前这个岗位真的很不适合自己。

当然，若雨既没有因为不喜欢就混日子，也没有消极怠工，而是充分利用业余的时间，自学人事管理、财务管理方面的知识。拿了人力资源从业资格证之后，便不顾家里反对，毅然辞职，在一家比现在的单位小很多的企业里做基础的人事工作。

在这家小企业，她很努力地做好手头的工作，同时也没有放弃继续学习充电的习惯。没几年，她就被一家大型快速消费品连锁企业挖走，担任人力资源主管。如今，她的目标是坐上人力总监的位置，因为心中有梦想，所以每天都斗志昂扬。

如果你不论怎么调整心态都没办法对眼下的工作产生兴趣，即便做的是一份高薪的工作，也觉得处处不满意，那么也许你是真的不适合这份工作，需要重新进行职业定位，开拓新的领域，继而获得属于自己的成就。

不少人已经“病入膏肓”，嘴巴上抱怨连天，一脸阴郁，可就是迟迟没有行动，就是迈不开步子走出旧思维和旧模式。结果是既浪费了时间，也错过了机会。有一些职业规划师认为，工作上一旦发现问题，就应该尽早分析问题的根源所在，并做出调整计划，一拖再拖只会让问题恶化，越早“医治病痛”，之后所面对的损失和风险就越小。

要么稳，要么狠，要么滚。回头再来看这几个字，我觉得真的是职场“九字真言”：只有“稳”得住，才能从容应对职场的各种险恶；只有对自己够“狠”，才能抓到机会更进一步；如果两者都做不到，那么就只能“另谋高就”选择“滚”了。

第三章
揣摩上司的危险游戏，大尺度才玩得起

1. 号准领导的脉，百战不殆
2. 领导的私事，你的正事
3. 投其所好，赞美也是一种方法
4. 花言巧语不如画龙点睛
5. 上司喂养，借力有方
6. 领他的工资，学他的品质
7. 当跟班，但是要想在他前面

1. 号准领导的脉，百战不殆

无论是谁，除了你自己当老板，只要身在职场，就要同领导打交道。

领导有各种类型，有的表情严肃，对下级要求非常严格；有的道貌岸然，却心术不正；有的疑心很重，容易猜忌下属；有的嘴上说得很好听，却从来都不兑现诺言……总之，领导也是千人千面。面对不同性格的领导，你应该采取什么样的对策才能号准领导的脉，使自己在他手下站得住脚？这的确是门大学问。

当我们与领导相处时，往往紧张地注意他对自己的态度是褒还是贬，想着自己应做何反应，而没有真正听清领导所谈的问题。好的下属应该不仅理解领导所谈的问题，并且能理解他话中的暗示。这样，才能真正理解领导的意图，做出明智的反应。

准确地理会领导的意图，是获得领导好感、与领导发展良好关系的重要途径。当领导讲话的时候，要排除一切使你紧张的意念，专心聆听，眼睛注视着他，必要时做一些记录。他讲完以后，你可以思考片刻，也可以问一两个问题，真正弄懂其意图，然后概括一下领导的谈话内容，表示你已明白他的意见。切记，此时，你只需要有所选择、直截了当地归纳一下领导的意图，领导不喜欢那种思维迟钝、需要反复叮嘱的人。

如果你要提出一个方案，就要认真地整理论据和理由，尽可能摆出它的优势，使领导容易接受。如果能提出多种方案供他选择，那更好。你可以举出各种方案的利弊，供他权衡决策，但不要直接否定领导提出的建议。他可能从另一种角度看问题，从而提出这些建议，如果你认为不合适，最好用提问的方式表示你的异议。如果你的观点基于某些他不知道的数据或情况，效果将会更佳。

作为领导，每天都为了工作而忙碌不休，深感责任重大，因此他们一直在寻找能让他放心委托工作的部下。如果有哪个下属是只要告诉他要点，就能很顺利地去工作，那么领导派他工作心里不知要轻松多少。实际上，这种下属并不容易找到，大多数都是稍微批评两句就不高兴，并说出一大堆理由来反驳的人，因而领导难免失望。

所以，当部下真正了解领导的这种期望，能承担领导所交付的重担时，领导一定会惊喜地说："不要太勉强，这个任务对你来说太重了吧。如果需要帮忙一定要告诉我，别独自扛。"

在职场中，还有这样一种情况：上级虽然比你高明，比你有经验，但处理工作也会有为难之处，对于必须由上级做出决策的重大问题，特别是在他优柔寡断时，往往会征求部下的意见。当你感受到上级的这种境遇时，就可以对上级说："我有这样一点想法，您看如何？"此时，上级会耐心去听。如果是些小事，就索性单刀直入地讲："让我来干吧。"交换意见后，当你意识到你的想法与上级的想法相一致时，要等待上级的决断；当你意识到想法不同时，要表示"明白了"，并赶紧退下来。

敏锐地觉察上级的处境和特定心情，适时地充分表达自己的意见，是取得上级信任的关键所在。

一件工作是以上级的命令开始、以部下的报告结束的，部下担负的工作进行得是不是顺利，是上级最担心的问题之一，及时地报告可以缓解上级的这种担心，连情况如何也报告不清的部下是最令人不耐烦的。

为了完成公司的任务，我们会竭尽全力地寻求各种资源的帮助，但是由于资源有限，我们往往困难重重，此时我们千万不能忽略了身边最大的资源——领导。有了他的帮助，许多难题便会迎刃而解，并且有可能取得很多意想不到的成果。因为他站的角度不同、视觉不同、权限不同，更重要的是，他自身的资源和可延续的资源更多。

号准领导的脉，以领导为后盾，就是让领导发挥最大的作用，以最有限的资源取得最好的成绩。

2. 领导的私事，你的正事

一个领导，你想让他信任你、重用你，就要和他搞好关系，表现出你能为他带来好处。这样他会给你足够的资源，会替你除掉敌人，最后还会推荐你升职。

所以，和上司搞好关系的方法之一，就是把上司的私事当作正事来做。

当领导让你做一件私事的时候，你要意识到机会来了。不要小看领导交付的那些私事，比如买东西、订蛋糕、买机票、交电话费等，尽管这些事情很琐碎，但是你要明白，领导是因为相信你，才托付你去办他的私事的，所以一定要尽力而为。

一般来说，有些上司不会管你公事做得好坏，只是看你有没有满足他自己的需要。那么，他想要什么就给他什么好了，如果他没想到的你能帮他想到并做好，那就更棒了。

为上司做私事是一条达到最终目的的捷径。当上司格外信任你，连私事都可以交给你做时，还有什么公事不能交给你的？

编辑部的副主任桃子，因为得罪了编辑室主任老赵，在编辑部的日子苦不堪言。哪里见过堂堂副主任整日无所事事，老干杂活儿的？即使这样，她也不受人待见。

在部门里，和上面的交流由老赵把持，下面的各个编辑直接向老赵报告，也不敢和桃子多说话。桃子基本上就是个多余的人，没有她编辑部照样运转，说不定还更和谐。

桃子明白，想要立刻扳倒老赵是不可能的，而她目前的任务也不是整顿好编辑部，而是能在部门里立足。这个观念的改变，对桃子来说很重要，她把不切实际的责任心都暂时放下，把现实的生存问题放到了最前面。

其实，小职员反而更好生存，他们只需要做好本分，少惹是生非就能过得安稳。当领导反而处处掣肘，一不留神就会露出破绽，被人拉下马。

终于，机会来了。老赵的女儿带着外孙从广东过来，说是来看看远在异乡的外公。可老赵整天忙得要命，连接机都没时间，正抓狂时，桃子自告奋勇地站出来，说愿意去替他接女儿和外孙。

老赵琢磨了一下。他心里自然是防备桃子的，但自己也实在腾不出手，而且能够指使桃子做私事，老赵还颇有些得意，于是便让她去了机场。

逮着这个机会，桃子可花了点心思，不仅把人从机场接回来了，还把他们带回老赵家安顿好，接下来还带着他们到公园玩。

一连七天，桃子把老赵的小外孙哄得很开心，老赵也非常满意，他不再把桃子当敌人来防备，而是把她当成了可以利用的手下。

领导最反感有人损害他的个人利益，所以你无论做什么事情，都不要去触犯他的利益。他最喜欢有额外的好处，所以你不管做什么方案，都要先想想能给他带来什么好处。尤其在有事相求时，你要先让他看到好处。

千万别觉得自己是在被剥削，你要把被他剥削变成你在施舍，是你在给上司东西，是你在利用他。利用和被剥削的区别就在于是否有目的，如果你是有计划、有目的地付出，那主动权就掌握在你手里，这样的付出在很多时候是一件好事。

切记不能被狭隘的自尊和道德感控制。有几句话很实用，大家可以记住：一个领导会用不听话的下属去做正事，用听话的下属去做私事，用没用的下属去做坏事。

做正事的下属由于不听话常被领导找借口放在次要的位置上，办私事的下属由于听话经常受到领导的奖赏与重用，办坏事的下属由于领导说啥就是啥常常成为领导的替罪羊。做正事的下属常常为单位的建设而操心，办私事的下属常常为领导开心而费心，办坏事的下属常常怕领导下台而担心。

所以，老板的私事一定要当正事来办，不仅要办，还要办好。

当然，还要注意几个禁忌。并不是领导的所有私事你都得屁颠屁颠地去办，有些比较棘手和为难的事情，该拒绝的时候一定要拒绝。可千万别对领导的所有私事大包大揽，那样最后你会沦为一个“保姆型”员工，这可是一种大忌，下面的章节我们会提到。

还有一些事情，也会让人很为难，这里有个例子：

小蕾的领导是个有外遇的男人，公司的人还不太知道。领导总让她给自己的妻子打电话，说晚上加班晚回家。

小蕾是个聪明的人，自然知道是怎么回事，知道上司是在利用她。小蕾感到很矛盾，她喜欢自己的这份工作，并且做得有声有色，害怕拒绝了会得罪领导而丢掉工作；但是帮领导撒谎，小蕾实在过不去自己心里的那一关。

这种事情虽然简单，可不是什么好差事。不干可能丢饭碗，干了不仅自己心里不舒服，哪天出了事自己还会受株连。不仅仅是这种事，还有一些领导交给你的私人任务也像是一个烫手的山芋，帮领导干吧烫得难受，不干吧又有所顾忌。

其实，你可以不把上司让你办这种私事看作信任或亲近的暗示，那么你就可以坦然地拒绝上司的过分要求。你要知道，为领导办差事是为了与其建立良好的关系，而你的这种拒绝也是为了和领导更好地相处与更好地工作。

3. 投其所好，赞美也是一种方法

曾经看到过一个消息：在日本，两名大学生毕业后成立了一家“奉承恭维公司”，专门提供“奉承恭维服务”。他们用尽一切美丽的言辞称赞过路人，让对方心花怒放，而后收费，一分钟收一百日元。据说生意相当火爆。

千万不要对拍马屁的行为感到不齿，尽管人们都很忌讳这个词，但它是谁都绕不开的。我们见过了太多在办公室埋头干活的人混得不如会溜须拍马的人的情况。既然我们无法改变这种大环境，那么就应该想方设法去适应这种氛围，并从中获得自己生存和发展的良机。

拍马屁不仅仅是一种颂扬赞美的献媚表现，在职场中已经演变为一门处世艺术。在这里，需要说明的是，作为处世艺术的拍马屁，并不等同于简单的赞美与赤裸裸的奉承，而要讲究一定的方法和策略。

要想在办公室里有所表现，赢得上司的青睐和同事间的和睦，可以有好几种方法：奉承他人、赞成他人的意见、帮助他人做事等，其中奉承是最有效的。奉承是成为一个受欢迎的职场人的必备手段，是建立良好人际关系的基石，更是事业成功的良性催化剂。

在办公室共事，人们往往容易注意别人的缺点而忽略别人的优点及长处。因此，发现别人的优点并给予由衷的赞美，就成为难得的办公室美德。无论对象是你的上级、同事，还是你的下级、客户，没有人会因为你的赞美而动气发怒，一定会心存感激，并对你产生好感。

巧妙地运用奉承，让你的上级欣赏你，让你的同事帮助你，从而使你的工作得以顺利完成，为每个人营造一种和谐的办公室气氛，同时又不失自己做人的尊严和修养，事业的成功也就离你不远了。

拍马屁这件事虽然听上去不那么体面，实际上却是职场沟通的有效方式之一。抛开对“拍马屁”这三个字的成见，无论是上司、平级同事还是下属，都试着去赞美对方，你的职场人际关系处理或许会因此变得很轻松。

小佳在办公室做行政工作，与领导和同事的关系一直维持得很好，工作中本着少做少错的原则也安然度日，虽然没有大的成就，但也没有大错误。

有一次，总经理亲自为一个重要客户做出一个策划案，当他的方案被拿出来在会议上讨论时，全场马上沸腾了。

“周总经理真是技高一筹啊！”“佩服啊！”赞美之声不绝于耳。当然这其中有周总的设计的确精妙等客观原因，但更多的是那些还在公司底层挣扎的马屁精过于夸张的赞美。细心的小佳看到周总在得意的同时，嘴角分明挂着一丝不屑。

她心想：“如果我现在还用那老掉牙的一套专业马屁用语来赞美他，说不定也会被他看不起。”她灵机一动，只是用佩服到惊讶的眼神望着总经理，然后嘴巴做“O”状，仿佛自己有许多真诚的赞美的话要说似的。后来的好几次，当别人都是用老套的专业马屁用语来奉承老板时，小佳仍然是别出心裁。

果不其然，老谋深算的周总经理终于也上套了。过年前吃年会饭的时候，小佳被安排和周总经理一桌，微醉的老板拍着小佳的肩膀对她说：“小佳啊，好好干，我知道只有你是真的佩服我……”

其实，当面赞扬他人并不是一件特别难的事情——“气色不错”“这个发型很适合你”，或者“你做的企划非常棒，对我很有启发”，甚至是一句“相信你一定能做到”的鼓励，都会让对方感觉到被关注，无形中拉近了你们之间的距离。

天天琢磨老板喜欢什么的人，未必能得到重用。因为在老板的位置上，见过的拍马屁的人太多了，想从他那里得到点好处的人也太多了。所以，身为员工的你，有时候，对某些业务和人，应该说出自己的真心话，哪怕含有批评的意味，也会让老板眼前一亮，心头一震。老板会觉得你是个实在的人，而且有自己独立的见解。

在这里要提一下一代名臣魏徵，一般认为他跟拍马屁是挂不上钩的，实际上，他可是个中高手。

玄武门之变后，在唐太宗劝降魏徵的时候，他誓死不降。魏徵深知，一代明君李世民爱才心切，于是便摆出一副“忠臣不事二主”的架势，以此来赢得唐太宗的赏识，反向地去取悦于君主，从而获得自己在未来朝廷中生存和发展的良机，这不也是一种拍马屁吗？

归降以后，他作为朝中的谏臣屡次冒犯和顶撞君主，甚至在一些场合使唐太宗很难下台。尽管如此，英明的唐太宗却把他比作自己的一面镜子，使其得到万世敬仰。对于魏徵而言，与其说是忠直正义，不如说是深明圣意，因为魏徵看准了唐太宗的性格，摸透了对方的心理，才敢这么干，因此也得到君主的宠信和敬重，这才是拍马艺术的最高境界！

通过魏徵的故事，我们知道，在职场不能墨守成规，而应该根据不同的对象采取有针对性的策略，大胆运用一些超常规手段，往往会获得出奇制胜的效果。

说了这么多，我们可以得出一个道理：想拍马屁拍得成功，需要有一定的条件。作为职场中人，若想获得拍马屁的最佳效果，首先，你应该充分地了解你的上司，细致入微地观察他们的性格特点和管理风格等个性特征，知己知彼，方可百战不殆！其次，就是要发挥自己的优势和特长，用才能的展现以及真情的流露去抚慰他们那脆弱的心灵，以此来达到展示自我、迎合“上”意的目的。

4. 花言巧语不如画龙点睛

职场上，我们每天都要和同事、领导进行沟通交流，但是，说什么、怎么说，什么话能说、什么话不能说，都有讲究。可以说，在职场上，说话也是一种艺术。

上一篇我们已经说过了花言巧语拍马屁，其实比起花言巧语来，“画龙点睛”的功效会更好。在人际交往中，有时候花言巧语会觉得吃力，还不讨好，这时候“画龙点睛”的话就至关重要了。

所谓“画龙点睛”，就是用简洁的语言表达丰富的含义，以少胜多，一语中的，塑造良好的社交形象。

艳丽性格内向，不太爱说话，可每当别人就某件事情征求她的意见时，她说出来的话总是很刺人，而且她的话总是在揭别人的短儿。

又一次，办公室的小齐穿了件新衣服，别人都称赞“漂亮”“合适”之类的，可艳丽直接说：“你身材太胖，不适合。这颜色你穿有点太艳。”

这话一出口，便搞得小齐脸上挂不住了，周围大赞衣服如何如何好的同事也很尴尬。虽然有时艳丽会为自己说出的话不招人喜欢而后悔，可过后她照样说特让人接受不了的话。久而久之，同事们把她排除在集体之外，很少就某件事去征求她的意见。

如果在这个时候，艳丽加一句“不过这么穿的话也别有一番气质”，气氛就不会弄得这么僵了。这就是画龙点睛的作用。

在充满竞争的职场里，说话不只是说明你的存在，它还起到了展示、提升你个人价值的作用，因此，你需要对自己提出这样的要求：要么不说，要说就掷地有声。

我们身边总有这样一些人喜欢向别人倾吐苦水，虽然这样的交谈能够很快拉近人与人之间的距离，使你们之间很快变得友善起来，但心理学家调查研究后发现，事实上，只有百分之一的人能够严守秘密。

所以，当你的生活出现个人危机，如失恋、婚变之类，最好不要在办公室里随便找人倾诉；当你的工作出现危机，如工作上不顺利，对老板、同事有意见和看法，你更不应该在办公室里向人袒露胸襟，任何一个成熟的白领都不会这样“直率”的。自己的生活或工作有了问题，应该尽量避免在工作场所议论，不妨下班以后找几个知心朋友好好聊聊。两种不说可以让你很好地把握职场中说话的分寸，即成事不说、遂事不谏。

成事不说，就是公司或领导已经决定的事情不要评价，不要给出自己的想法和建议，无论你认为这些建议和想法对公司有多大的好处，都要坚持不说的原则。但是在公司或领导决定以前，一定要把自己的想法说出来，这是你的职责。我们要清楚认识自己的职位和存在价值，不要给出超越职权的建议和想法，否则受到伤害的是你自己。

遂事不谏是说正在做的事情，也不要去劝谏。如果他是错的，就让他错到底，最后再来总结和检讨。在企业里，老板和经理每天都会做很多决策，有资料统计显示，即使是最优秀的决策者，也不能保证所有决策都正确，正确的决策只占总决策的七成。我们都希望决策正确，但是企业经常决策错误或者没有决策。

说话要分场合，要有分寸，最关键的是要得体。不卑不亢的说话态度，优雅的肢体语言，活泼俏皮的幽默语言，这些都属于语言的艺术。当然，拥有一份自信更为重要。娴熟地使用这些语言艺术，你的职场生涯会更成功！

还有额外的两招，分享给大家：

首先，你可以观察一下领导或者同事，看看他们是否有比较特别的地方。比如，身上有什么特别的配饰，或是一款新的手表，跟他们谈论这些，很可能会立刻吸引他们的兴趣。谈论这些对于你们接下来的沟通是一个很好的铺垫。当然，切记不要问只能回答“是”或者“不是”的问题，这是在扼杀你们继续交流下去的可能。

其次，在感到紧张、对话即将“死机”的时候，一定要找到消除尴尬的“画龙点睛”之语。比如发现领导皮肤是小麦色，那么跟领导聊一句户外运动或者约领导健身，一切问题可能就会迎刃而解，也给你们找到了一个以后可以长期交流的话题，还愁没有机会和领导搞好关系吗？如果领导在说你的弱点，面对自己以前的失败，你可以将回应的重点放在自己发现问题、改善问题的方面，同时对于自己的失败要坦诚。这样可以给领导留下一个为人诚恳，并且有自我改善能力的好印象。

5. 上司喂养，借力有方

在中国的职场上，平级干部或者相差半级的干部肯定很多，因为这是各方势力博弈的结果。怎么和等级相近的同事相处，就成了一门学问。毫无疑问，等级越接近，就越有危险，因为高你半级或一级的人会有危机感，怕你会随时升职与他们平起平坐，所以一有机会他们就会打击你。而不管高半级还是一级，都是上司，如果他们给你穿小鞋，就危险万分了。

一个上司愿意把你当成亲信，是由于你对他没有危险，而在职场上，只有距离才能让危险缩小。简单来说，你和上司之间的等级差得越远，你对他的威胁就越小，这个等级差距可被认为是缓冲。上司跟你有很大等级差的时候，他当然愿意罩着你、保护你，并且给你资源，甚至提拔你。可当你们只相差半级时，一切都改变了，他不再信任你，不会再提拔你，甚至会越来越讨厌你，乃至于暗中打击。

对上司必须隐忍，让功。等级越近，态度就越要谦卑。如果你真的把上司当作绊脚石，必欲除之而后快——我通常不这么建议，因为上司是一种消耗很快的资源，他本身就会在斗争里被消灭，如果没被消灭，则会带着你升职——你必须比别人更加谦卑，你应该用尽所有的才能来讨好上司，让他对你完全放心。扳倒上司的心越强烈，就越不可以表现出来。你需要等，等待是漫长的，可也是有效的。

任何一个人，都会在漫长的时间里露出破绽，即使看到了破绽，也不要着急，小破绽对你毫无用处。你只有一次出手的机会，一旦失败就再无立足之地，所以你必须等到真正的机会出现，到那时才可以出手。一旦出手就不要留有余力，一定要打到底，不管是成是败。

纵观中国历史，无数政坛老手都是如此登顶的，可谓是中国权术和生存术的精粹。

当然，在正常的职场环境中，主要的不是去“犯上”，而是让“上”为我所用，借彼东风，扬帆起航。

在具体讲借东风之前，我们先看看在实际工作中应该注意的一些事情，做好了这些，才能更好地借力上位。

对于上司交代的工作，应冷静、迅速地做出这样的回应：“我立即去办。”这会让上司直观地感觉到你是一个工作讲效率、处理问题果断并且服从领导的好下属。如果你犹豫不决，只会让上司不快，会给上司留下优柔寡断的印象，下次再有重要的机会可能就轮不到你了。

传递坏消息时，如果你立刻冲到上司的办公室报告这个坏消息，就算不关你的事，也会让上司怀疑你解决危机的能力，弄不好还会惹得上司责骂，成了出气筒。正确的方式是你可以从容不迫地说：我们似乎碰到一些情况……千万不要乱了阵脚，要让上司觉得事情并没有到不可收拾的地步，并且感到你会与他并肩作战，解决问题。

上司问了你某个与业务有关的问题，而你不知道如何作答时，千万不要说“不知道”，可以说“让我再认真地想一想，两点前答复您好吗？”之类的话。这不仅暂时给你解了围，也让上司认为你不是个轻率行事的人，而是个三思而后行的人。当然，一定要记得按时给出答复。

这样的事情很多，无法一一列举，下面我们看一个具体的例子。

小邹不幸成为倒霉蛋。他被调到了脾气最不好的老邢的部门协助完成一个大项目。小邹暗自制定了一套战略战术：努力工作，任劳任怨，凡是老邢吩咐的事情，都往好的方面去想。比如，老邢让他反复修改同一个策划案，就想这是锻炼他的文笔和耐心的机会；老邢让他加班，就当为家里省电费、伙食费，还为自己节约开销；老邢当众责骂他，就当培养自己的厚脸皮……

时间久了，小邹才知道老邢也有不幸的生活，女儿离了婚，靠自己一个人打拼，只能把小女儿交托给老邢照顾。小邹尝试着去了解老邢，知道他的胃不好，于是常常备着胃药。有一天，老邢出去见客户了，小邹突然接到从幼儿园打来的电话，说老邢的外孙女病了。

因为老邢见的是公司的大客户，小邹想还是不要打扰他，就自作主张赶去幼儿园带老邢的外孙女去看病，到了下班的时间才通知老邢。老邢匆匆赶来医院，一把搂住外孙女，满脸慈爱。

转眼到了老邢的生日，小邹偷偷买了条好领带，标上了部门所有成员的名字，并附上纸条祝老邢生日快乐。

年终吃团圆饭的晚上，热闹完了，小邹看老邢心情不错，于是悄悄尾随他，在一个转弯口假装与他不期而遇。他对老邢说，其实大家都很尊重他，也愿意把自己部门的业绩做好，和其他部门一较上下。不过，八小时的工作，本身已经让大家很累，谁也不希望工作氛围再让人难受，希望领导能为大家创造和睦友爱的氛围，这也是有益于工作的。老邢听了良久没说话，只是祝小邹新年快乐。

新年后，大家意外地发现，老邢的脸上多了些笑容，渐渐地，部门内有了笑声，开始和睦、团结。自然，小邹也被老邢视为自己人。

好了，可以说如何“借”的问题了。

先说“借”潜力。首先你要让领导看到你的潜力，才有可能“借”到更多的东西。这种潜力你是必须得让领导看见的，察言观色的方面前面说了很多，这里说一个关于“丢脸”的，这是最容易在领导那儿展示并借到“潜力”的。当领导因为自己的失误而面临尴尬的时候，一定要勇于出头，帮领导扛下责任，不管是多丢脸的事情，一定要坚决扛下来，正所谓“不懂丢脸才是真的丢脸”。领导会记住你的“牺牲”的，有好事忘不了你。

接下来是“借”关系。在领导面前展示出潜力之后，一定要趁热打铁多跟领导走动，跟领导关系近的人别人不会关注不到，那你的人气和关系自然而然地就来了。有了同事的支持，虽然你们还是平级，但其实在升职加薪的道路上，你已经领先他们一步。

最后是“借”机会。俗话说“有钱才能借到钱”，这里需要下一点本钱，前文说的对领导投其所好就是一种，当然只有这些还不够，还需要做一些轰动性的或者长远的投资。关系近了、硬了，领导在顺手的时候，一定会给你一个不用竞争或者竞争很少的机会的。

6. 领他的工资，学他的品质

我们大多数人在刚开始工作的时候，赚的钱可能仅够糊口，可是一般一两年便会逐渐显现出差距来。有些人慢慢积累经验，一步步地增加自己的收入，而有些人能够在短时间里赚取巨额财富。这不是仅仅靠勤奋就能做到的，需要在工作中不断地学习。作为下属，要想达到甚至超越上司的水平，就要先学会他那一套。如果连他那套都做不到，就更谈不上超越了。所以，要不断地向上司学习，充实自己，提升自己。

既然要学习，就必须首先了解自己的领导，摸清他们的习惯。例如，一位在媒体工作的下属观察他的上司发现，他如果说“可以啊”，通常表示支持，“好吧”通常意味着无可奈何的妥协，而“这是不可以的”已是很严厉的批评。

肖鹏毕业后在一家主营通信设备的上市公司做销售。他的经理是一个中年男子，在这家公司工作多年，是从一名优秀的销售员成长为经理的，每年都会为公司带来几千万元的业务。在与经理接触一段时间后，肖鹏发现，他的上司和别的销售不一样，他格外注意自己的形象：永远穿着干净的衬衫、笔挺的西装，头发梳得一丝不乱，连眼神都格外坚定而有神。而且，他的背包里总会有一件备用的新衬衫和一条领带，以保证自己随时都能以精神抖擞的面貌出现在客户面前。虽然公司从未要求销售人员穿正装，但经理告诉他，个人的形象就代表公司的形象，一副好的精神面貌会让人对你的专业能力和职业素养有信心。

有些人认为，不用学习上司的优秀之处，也不用卖命地工作，只要和上司搞好关系就行了，其实这些人想的未必对。一个人之所以能成为领导，他是不会没有自己看待和评判一个人、一件事情的标准的。

用自己的思维去理解领导的想法，并押上自己在办公室的声誉和职业未来，这个赌注下得不小，可惜很多人都赔得血本无归。虽然有些领导很吃这一套，但是他们更清楚对自己来说什么才是最重要的，那就是给他创造业绩和利润，给他的部门、企业创造价值。把他伺候舒服了是一回事，让他对你的“正事”满意是另一回事，而这才是他考虑重用你的前提条件。

在这里我并不是建议不和领导搞关系，而是让大家分清楚主次，什么是应优先要考虑的，什么是作为辅助手段去运用的。

乔丹曾经是英孚美（Informix）公司 CEO 的助理。一天，她素未谋面的一位董事突然走进办公室，对她说：“你好，我叫基尼斯，我是公司的新 CEO。”原来，乔丹以前的领导已经被公司解职了。基尼斯接任英孚美公司的 CEO 后，决定对公司大力改革，他鼓励乔丹留任，他需要乔丹的协助。

于是，乔丹以自己丰富的经验，每天花十四个小时的时间，帮助新 CEO 详细检查公司，并且迅速做出改变，甚至为公司总部选择了新的地方。最终，经过重整，英孚美公司被拆成两家公司。面对这样的结果，乔丹认为她的阶段性任务已尽，因而提出辞职。结果被上司大力挽留，显然，这位 CEO 已将她当成不可或缺的左右手了。

上司如果和你想的不一样，那也很正常，因为上司和下属在组织中的位置不同，思考方式也有些差异。下属对上司的指示有疑问时，不妨站在上司的立场设想一下上司真正的目标是什么，这样才能和上司更好地合作。

一个人能成为你的上司，并不是完全靠资历或者先入为主的条件，他必然有其独特的过人之处。他的行事方式、为人品质等，你需要多方观察、揣摩。那些值得学习的地方，一定要学到，这会使你在职场中受益匪浅。

7. 当跟班，但要想在他前面

由安妮·海瑟薇主演的《穿普拉达的女王》中，饰演女助手安迪的海瑟薇之所以由被折腾得苦不堪言变成得到国际知名时尚杂志女主编米兰达的青睐，转折点就在于当米兰达下达了一系列命令后，安迪冷静自信地告诉主编，她都已经安排好了。原来，通过和领导的长期相处，她已经摸清楚了领导的喜好和风格，在领导下达命令之前，她就已经搞定了一切。这样的下属，没有一个领导会不喜欢的。

在职场，作为下属，天天和老板或者领导在一起工作，要保证你们愉快地相处，首先应该了解他的各种脾性。弄清楚他是工作狂，还是志趣广泛；是只注重结果，还是同时注重过程；记忆力极强，还是健忘；不苟言笑，还是幽默活泼；甚至是喜欢茶还是喜欢咖啡，如果喜欢咖啡，那么加不加奶、加不加糖……总之，你了解得越多，你们的相处也越有利。

于芳毕业后进入一家酒店做办公室秘书。上班的第一天，就听见老板在嘀咕临时秘书又给他的咖啡加糖加多了。老板的声音很轻，也不是责备的口吻，但她仍然暗暗地记在了心里。

第二天，她就先用几个杯子分别调了几种口味，让老板挑选。这令老板大为感动，连他太太都没有细心到如此地步。

好几次午饭后，如果老板在处理员工的问题或者接待客人，她端咖啡进去时都发现，老板脸色都不太好。原来老板习惯在午餐后小憩一会儿，于是她就制作了一块“请勿打扰”的牌子，在午饭后悄悄挂在老板办公室的门上，一个小时之后再偷偷拿开。有时候她甚至坚守在门外挡驾，不让没有急事的下属或者拜访者打扰。

自然，这件事也被老板知道了。老板看她做事细心认真，很快就提拔她做了主管。

很多人说给别人打工不用那么尽心，没有必要，领导检查的就做，不检查的不用管，不要让自己太累。然而几年过后，这批人就会说领导不会用人，只会使用溜须拍马的小人，而他们自己好像成了天底下最能干的人和最好的人。

这样的人总是希望落在自己身上的好处无穷多：干的活少，挣的钱多，当的官大，但凡好事就应该是他们的。同时，他们也会有这样的共同心理，就是希望自己的活都是领导安排的，只要领导没安排，自己闲着就是应该的，有错也是领导的错。领导还不能催促他们干活，那样他们会不舒服。

这样的员工不在少数，他们干活不多、怨言不少，成绩不多、拖累不少，要他们改进的唯一动力就是给钱。其实是他们自己的认识错了，他们不是在给领导打工，不是在给公司打工，是在给自己的前途和发展空间打工。

有头脑的人都知道，自己的前途要掌握在自己的手里，因此要走在领导的前面，而不能被赶着走。不要担心这项工作有多难，只要做到以下几点，你就能体会到掌握自己命运的快乐：领导要你明天完成任务，那你就今天做完给他；领导要十分的结果，你就给他十一分；领导没想到的细节，你就提醒领导。所有这一切，只要做到“低调做人，不争成绩”，你就会获得巨大的发展空间。

不要用负面思维考虑这个问题，认为这是讨好领导。你要知道，学会满足他人的心理需要才是真正获得他人认可的利器。领导的第一需要是业绩，第二需要是对下属的把握。你的业绩做得漂亮，你的状态适应公司的节奏，你就是在最大限度地满足领导的心理需要。

所以，“走在领导前面”是你在企业成功的不二法门。

要走在领导前面，首先，你得了解领导。只有透彻地了解了领导的个性和工作习惯，才能在和领导打交道的时候游刃有余，进而保证合作愉快。

如果你的老板疑心大，喜欢时常窥视员工的一举一动，那么获取领导信任的最好办法就是经常向他汇报自己的工作情况，明确告诉他，你干了些什么、结果如何，以使他放心。

如果你的老板精力过剩，是个工作狂，对员工很苛刻，那么最佳的对策是不断地向他请教，使他感到你在他英明的领导下努力地工作着，这样可以得到他的信任。

如果你的老板非常严谨，那么在他批评你、提醒你的过失的时候，你要听得进去。在人才济济的单位，能被老板留意已经不容易，如果你不能用好的成绩吸引他，那就尽量减少失误吧。

如果你的老板是一个冷静的人，那么你和他打交道就应该尽量采取和他相同的风格，不应该太过活泼。对于你的工作计划，不要自作主张，等到计划确定之后，你只管执行。完成任务后向他报告的时候，也尽量使用平静的口气，与他的风格保持一致。

如果你的老板是一个很看重自己权威的人，那么你就要做到谦虚和谨慎，以消除他的戒心，这样才有可能博得他的赏识。比如，在业务会上不要锋芒毕露，平时要经常向老板请示汇报，不自作主张。

了解了领导的性格和心理，和他打交道的时候就能对症下药，你就能更快地得到领导的信赖和重用。误打误撞的做法在职场里是行不通的，只有洞悉领导的意图，才能提前给领导他想要的，而你也会得到自己想要的。

第四章
你讲素质，别人踹你屁股

1. 同事同事，是一起抢食的
2. 可以不聪明，不能不小心
3. 组团有风险，站队需谨慎
4. 别不小心“被”当替罪羊
5. 在夹缝里找阳光
6. 小报告的危机公关
7. 不是认输，是以退为进
8. 上位，功夫全在工作外

1. 同事同事，是一起抢食的

一个人在单位里，面对的不仅仅是领导，还有一大帮同事。同事既是你的同盟，也是你的竞争对手，因为大家都站在同一起跑线上，都想着能得到领导的赏识获得晋升。有句俗话说："同行是冤家，同事是对头"。平时大家在一起谈天说地，看起来关系很好，可是在这融洽里，也有一种看不到的纷争和矛盾。

无论你在什么部门工作，处好同事关系都非常重要。相处得好，自然开心；相处不好，就很糟心。你要开心，就得遵守以下五个原则：

第一，摆正上下级关系。同在一个办公室，你是下级，要接受上级的领导，就要尊重他，不能因为上级平易近人就嘻嘻哈哈。当然，有的领导喜欢嘻嘻哈哈，不喜欢绷着脸工作，即使如此，作为下级也要有分寸。

第二，与同事保持适当的距离。有的同事，平时与人为善，对人亲热。有的同事，表面上很好，暗地里喜欢说人坏话。你不能好人歹人分不清，眉毛胡子一把抓。另外，对任何同事都应有原则，不卑不亢，大方得体。

第三，对不同的事情有不同的态度。任何单位都会出现各种各样奇怪的事情，不能什么事都过问。有的事你过问人家会领你的情，对你很感谢，而有的事你就不能过问，你过问了反而会出现令人尴尬的局面。

第四，分清好坏。不同的同事，说话做事的风格不同。有的人敢于说真话，并不问对方能不能接受。有的人就像薛宝钗，见人说人话，见鬼说鬼话。说真话让你觉得不舒服的，并不一定出于恶意；说让你喜欢的话的，也不一定是真喜欢你。对此，你要有识别能力，分别对待。

第五，根据场合决定态度。不同的场合，应有不同的态度。如果你始终是同一种态度，肯定要将事情办糟。也许你还想不通："我并没错啊！怎么会这样呢？"这时，你可以学学辩证法，场合变了，就是条件变了，你还不变，能不糟吗？

当然，情况是变化的，处好同事关系，要适时而动，因人而异，不可拘泥于以上五个原则。

刘夏前些日子打电话回原来的公司，向老同事问好，不料同事的一句客套话把刘夏的好心情搅没了。同事在电话那头诉苦："天气好热呀，你走了，都没人给我们买可乐了。"

现在想想真后悔，要是当初刚进公司时不依着那帮懒人，后来就不会有那么多麻烦，落得个不得不离职的下场了。

刚进公司，刘夏总是小心谨慎，每逢假日轮班，只要有人开口调班，她都答应，为此不知放弃了多少个休息日，久而久之都变成值班专业户了。平时上班，她总是早早就到了，收拾台面，打扫办公室，只要谁说一句"没吃早餐好饿呀，有没有什么东西填肚子"，刘夏就赶紧拿出自己买的牛奶麦片，送到他们手上。炎炎夏日，还经常买些冰镇可乐带给大家喝。刘夏成了大家公认的"大好人"。

随着工作渐渐增多，刘夏没有再像以前一样帮他们跑腿，抱怨也就接二连三地来了，有的还当着她的面拿她开涮："摆什么架子嘛，来来来，帮我把这份材料送到各个部门去。""嗨，去仓库帮忙领一包打印纸过来，我们等着用呢！"

碍于情面，刘夏还是做了。

有次刘夏的主管让她去车站帮他接一个亲戚，结果刚出公司大门就被出差回来的总经理撞了个正着。总经理问她去哪儿，为了不得罪主管，就说出去招工。后来总经理不知从哪里知道了事情的真相，把她叫去训了一顿，说她身为人事部职员，都不能做到“诚信”二字，又怎能管理他人呢！给总经理留下了此等印象，还在公司待下去只会自讨没趣，于是刘夏递交了辞职申请，背着“好人”二字摔了一跤。

相信许多职场新人都有类似的苦衷：不分场合以笑示人，人家却觉得你没个性。对同事有求必应，必然有某次因为能力或其他原因你“应”不了，人家便觉得你不够意思，从而疏远你。你心无城府地多次借钱给同事，他很快习以为常，你倒是被逼入两难的境地——讨，怕伤感情；不讨，白遭损失。办公室里只有你不时操练扫把和拖把，久而久之，大家把你当成兼职的清洁工，坦然享受你带来的整洁干净，心里却丝毫不念你的好，而你成了被大家呼来唤去的“杂工”。所以，这种职场“好人”还是不做为妙。

当然，和同事搞好关系是应该的，但这要看你和同事之间的好关系是靠什么来维持的，他们对你的好感是如何形成的。如果只是因为你是一个很好使唤的同事，能够为他们减轻很多负担，甚至成了他们犯错时的牺牲品，显然，这样的好关系不值得庆幸。尤其是初涉职场的新人，要记住：同事不等于朋友，不能公私不分。和同事保持适当的距离，会使你看起来更美。

职场始终是一个利益场，是一个充斥着竞争的地方，相互竞争才是主题。竞争是一个令大多数人感到憎恨的词语，但我们必须面对竞争。问题的重点在于：为了赢得胜利，我到底应该怎样把握分寸呢？

与同事之间关系密切固然重要，但你必须搞清楚，同事就是同事，是跟你竞争抢饭碗的人，不是朋友，同事与朋友是完全不同的两个概念。如果你错把同事当朋友，那么总会有栽跟头的时候。

职场如战场，同事就是竞争对手，人性的本质是自私的，同事之间是有利益冲突的。如果同事把你出卖了，不必太过伤心，毕竟你们不是朋友，更不是亲人，你们之间最多的还是利益关系。跟同事做朋友，只能是给自己埋下一枚定时炸弹。吃了亏也别抱怨，吃一堑长一智才是你应有的态度。

2. 可以不聪明，不能不小心

小人，自古以来就是挨骂的。然而，在职场上，几乎没有哪个单位不存在小人，也几乎没有哪个人没遇到过小人。我们可以不做小人，但不能不提防，有时也可以利用这些自以为聪明的小人。

在办公室这个利益场里，充满了竞争，明枪自不必说，有时候还会遭遇暗箭。这并不是那些扎你一枪、放你暗箭的小人跟你有什么仇怨，和你过不去，但现状就是这样，总会有人有意无意地排挤你。你的努力工作变成了表现欲强，你的一片真心变成了虚情假意，同时还会冒出一些绯闻、小道消息攻击你。

在公司里，有很多事情容易造成同事间的冲突，比如追求业绩、想赢得领导好感、获得升迁等，使得同事间存在一种天然的竞争关系。人是一种感性动物，所以这种竞争往往掺杂着个人的感情、好恶以及与上司的关系等因素。表面上大家齐心协力，其实是貌合神离，谁又知道各自的心里打着什么算盘?

职场“放箭者”，大多表现为打小报告、散布谣言、损人利己、笑里藏刀、贬低他人抬高自己，等。若发现有类似表现的同事，估计是人人喊打，但这是任何职场都不可避免的。既然不可避免，那就得挖掘这类同事存在的好处，学会巧妙利用小人。

小人为什么容易获得上司的欢心呢？就是因为他们没有底线，这和普通人不一样。普通人受道德底线的约束，受家庭和社会教育的约束，许多话说不出来，有些事情做不出来。而小人则不同，他们可以阿谀奉承，可以说假话，可以顺着上司说他喜欢听的话。在做事情方面，他们愿意把上司的利益放在首位，甚至把上司的私事当作公事来做。

千万别天真地幻想上司可以看穿小人的居心。小人在你们面前和在上司面前是不同的嘴脸，所以，基本上所有上司都会被蒙蔽，以为他们才是真正的好人，才是真正的亲信。所以，上司们会把小人当作真正的贴心人，而其他说真话办实事的人，反而可能会被逐渐疏远。

你可以不做小人，但请别太善良。你也可以善良，但至少别那么轻易相信人。问题不在于身边小人太多，而在于你的防备不够。你总以为，每个人都是好的，大家都是有做人底线的。不过，小人也并没有那么恐怖，他们的智慧没有超过你，能力也不如你，唯一比你强大的是，他可以做到你想不到的事情。

郭子仪功高盖世，是唐王朝的中流砥柱，安史之乱的平定基本是仰仗他南征北战、东征西讨。晚年，四海宴平，他便乐得寄情于声色，以排遣岁月。

那时，唐德宗时的宰相卢杞还没有成名。有一天，卢杞上府拜访他，他正在被家里养着的一班歌伎包围着，忘情地玩乐，一听卢杞来了，立即命令所有女眷，包括歌伎，退到屏风后回避，一个也不许露面。

等卢杞走了，女眷们才陆续出来，便七嘴八舌地问他："你平时接见客人，从来不避讳我们在场，说说笑笑，主客都很高兴，为什么今天接见一个书生般的小官吏，却这般慎重？"

郭子仪说："你们有所不知，卢杞有才干但心胸窄，睚眦必报。此人又长得如鬼一般，半边脸是青的，你等女人最爱笑，平时莫名其妙地也好笑一笑，如见其尊容，哪有不笑之理？那他必定怀恨在心，日后他一旦得志，你们和我的子孙可就一个也活不成了！"

不久，卢杞果然做了宰相，过去看不起他、得罪过他或嘲笑过他的人，大都被他陷害排挤，郭子仪一家却得以幸免。

所以迎宾待客，同僚相处，虽是日常琐事，但如果遇上如卢杞这样的小人，千万小心为好，否则，灾祸往往就在顷刻间。

在职场中，同事与同事之间，很多事情都不会直截了当地说出来，但他们的行动能反映出很多问题，这时候你就要多长一个心眼。比如，集体活动没叫你，就说明大家不喜欢你。再比如，大家在一块儿窃窃私语，你一靠近就都散开了，那么他们要么在讨论你的隐私，要么在说你的坏话。

因此，在与同事相处的时候，凡事都要多个心眼。人心隔肚皮，这句话在同事之间更是表现得淋漓尽致。所以在办公室，逢人只说三分话，不可全抛一片心。

与同事发生分歧的时候，不要争论得太激烈，那样只会激化矛盾，继而影响团结，对解决问题没有半点帮助。当然，也没必要一味以和为贵，一味地忍让，而放弃自己的观点。意见不能达成一致时，最好的方法是冷处理，表明立场，保留自己的意见，这样可让争论淡化，而又不失自己的立场。

只要你有足够的防备，让自己的行事没有破绽，就可以保护好自己的利益。你不一定要去做坏事，但至少在别人使坏的时候，你要能判断出来，可以做出相应的回应。

你必须正视小人同事，不能忘记你还走在迈向成功的漫漫长路上。你真正的对手，应该是有竞争力的同事，或者掌控着你是否能升职的上司，因此务必追求更好的表现。

3. 组团有风险，站队需谨慎

即使三十个臭皮匠，也永远顶不上一个诸葛亮。

人多力量大，这句话并不是绝对的，至少在职场上不适用。

在职场上，抱团有两种情况：一种是抱团与其他人或部门竞争；另一种说白了就是“犯上”，为了扳倒不会来事儿的领导而组团。

我们说说后面这一种。在这里需要提一句，只靠团结多数人是无法扳倒领导的，这种做法有害无益。

一般下属抱团抗争，会带来三种结果：其一是公司和下属决裂，大家一拍两散，这种情形在私营企业里较多。其二是公司管理层对下属各个击破，把整件事压下去，这是最常见的处理方法。其中，“无间道”和“搅屎棍”会起到至关重要的作用，“无间道”是以出卖别人赢得上司的信任，而“搅屎棍”更多的是损人不利己。其三是先答应下属的要求，然后再秋后算账。

可以看出，无论是哪种结果，对你的职业生涯都是百害而无一利，即使将来跳槽，这种经历也会产生负面作用。哪个公司都不希望招进个不安定分子，这种名声传出去就是职业生涯的污点。

只靠团结多数人是很难扳倒领导的，那么失败后会有什么后果呢？

事业部的几个人在讨论讨伐公司办公室主任老宋的事。

小胡说：“我们现在做的工作八成都是无用功，领导想一出是一出。昨天那事跟阿敏有什么关系？只不过审查单是在她手边的打印机打印出来的，这样也要罚钱，这里还怎么干下去？”

小李说：“你想啊，事业部是公司这部机器里最重要的零部件，如果停止运转，会怎么样？”

小王插嘴：“那机器就崩溃了呗！”

小李接着：“我们这一堆人，哪个不是名牌大学毕业的，哪个不比大学都没有上过的老宋强？他不过是在公司的年头比较久罢了。平时累活我们干，功劳他一个人拿就不说了，还时不时想出点新政策整我们一下来讨好老板，这种领导如果不扳倒，咱们永远都不会有好日子过！”

小王：“可我们怠工有用吗？”

小李分析：“绝对有用。只要咱们拖延进度，这期的单子就出不来，公司的业绩绝对会受到影响。老板绝对会关注，到那时我们再向高层提出把老宋换掉，老板一定会妥协的。”

小胡的大脑快速运转起来，他觉得事情不会那么简单，老板也不会轻易妥协，但有一项利益让他垂涎三尺。如果老宋真的被开掉，事业部就没有主任了，而这个部门资格最老、功劳最大的人就是自己，主任一职非他莫属。

既然谈起了这事，一屋子的人干脆都停下工作，热火朝天地讨论起罢工细节以及和老板谈判的内容来。

私下里，阿敏找到老板：“我想跟您说一件事，事业部的几个员工在筹备罢工呢。”

老板大惊。

“您也知道，宋主任平时是怎么对下属的，这次大家是忍到了极限，所以大家决定怠工，让这期的单子不能按时出。”

老板皱眉："糊涂！你们这些人太糊涂，知道这是什么性质的事情吗？"

阿敏："其实我也不想，但实在是被逼到了绝路，只能和宋主任拼个鱼死网破了。可是我又想了想，宋主任只是底层管理者，他不代表整个公司的管理文化，我们公司至少还有您这样的开明上司，所以我想好好跟您谈谈，看能不能劝服小胡他们，不要做这么极端的事情。"

阿敏看老板似乎没有刚才那么生气了，赶紧火上浇油，把老宋平时的刻薄讲了一遍。老板听得连连摇头，竟同情起阿敏来。两人相谈甚欢，阿敏将小胡他们的想法和盘托出，完全取得了老板的信任。

几天之后，新的通知下来，宋主任提前半年退休，阿敏暂任办公室副主任，主任以后再定。

得知这个结果，小胡和小李都用奇怪的眼光看着阿敏。只有阿敏自己心里清楚，拯救自己的绝不是什么罢工威胁，而是她获得了老板的信任。既避免了当他人的炮灰，同时也让平时不显山露水的自己得到老板的器重。

职场是个理性的利益场，每个人都需要理性地思考。一时头脑发热和领导作对自然很爽，但爽过之后呢？说错一句话就影响一生事业的情况比比皆是，所以必须处处小心、步步谨慎。

有一家杂志和一家招聘网站合作做了一个职场站队问题的调查。结果显示，62.5% 的人表示自己身处的办公室（或公司）中站队现象很常见；25% 的参调者表示同事之间相处融洽，不存在站队行为；12.5% 的参调者表示不清楚。

至于站队的原因，14% 的人认为，领导相互抗衡，必须选择一方站队；28% 的人认为站队是职场潜规则，为了生存要站队；25% 的人是有目标地站队，认为站好队有利于职场晋升；33% 的人则表示，站队是维护人际关系的一种方法。

说到这里其实已经很明显了，身在职场想不站队很难，现在的问题就是怎么站。我觉得虽然客观因素很多，但主要还是取决于个人的主观决定。审时度势，做出一个最好、最理性的选择，同时记得要给自己留好后路。只有这样才能稳住阵脚，真的出了问题大难临头各自飞的时候，你能有下一棵树让自己倚靠。

4. 别不小心“被”当替罪羊

人的本能都是趋利避害，几乎所有人在大祸临头的时候都会想办法躲避危害。那么，为什么还会有人愿意当替罪羊呢?

其实，替罪羊也会有替罪羊的好处，给上司当了替罪羊，就会赢得上司的好感，让上司把自己当成心腹。俗话说“舍不得孩子套不着狼”“吃点小亏才能占到大便宜”，可谓道出了那些愿意给上司当替罪羊的人的心声。

当然，替罪羊不一定只是下属给上司当，也可能是同事之间出于“义气”才当的，不管怎样，当替罪羊就意味着代人受过。

为了搞好上下级之间的关系，在上司有难处的时候帮他一把，一般情况下确实是好处多多，利大于弊。但是，并不是什么事都可以替别人当替罪羊的，有些黑锅是不能给别人背的。如果没有考虑好后果，就无条件地承担本应由上司承担的责任，那么结果可能会很惨。

有些人职场经验太少，或者轻信上司的许诺，于是天真地认为，只要自己帮助上司逃过这一难，上司日后一定会好好报答自己；如果在承担责任的时候遇到一些危险，上司会设法来解救自己。

殊不知，责任本来应该是团队成员共同承担的，作为上司，他的责任比下属还要大。如果为了帮助上司逃避责任，下属就把所有的责任都揽到自己身上是不合适的，在很多情况下，这种责任根本就不是下属一个人能承担得了的。有些人还为自己替上司当替罪羊能得到上司的器重而沾沾自喜，殊不知，大祸已经在不知不觉中临头了。

张忠云在公司里是有名的替罪羊，因为他很少为自己解释。有一次，国庆节放假前夕，大家手头的工作都忙得差不多了，决定放松一下，就买了些水果和瓜子，边吃边聊假期的安排。可是谁知道，老总突然走了进来，因为毕竟是上班时间，大家一下子作鸟兽散，桌上的水果皮、瓜子皮没来得及收拾。老总看了很生气，四周望了望，看到张忠云正在偷偷用纸巾擦手，就走到他面前问道："是不是你干的？"

所有的人都用眼角的余光偷偷地看他，张忠云没说什么，起身把那些垃圾收拾干净。老总看了大伙儿一眼，没说什么就走了出去。大家都觉得张忠云这人真不错，使大家免了一顿骂。

其实，张忠云心里明白，老总自从走进办公室心里就清楚，水果、瓜子不可能是一个人吃的，何况明天就放假了，放松一下也可以理解，但是自己看见了又不能不管，于是就找到了张忠云头上。于是张忠云顺水推舟，其实是给了老总一个台阶下。

但是张忠云绝对不是个任何黑锅都背的人。国庆节后的第二周，又发生了一件事。同办公室的小舟是个游戏迷，经常偷偷地上网玩游戏，这可是公司严令禁止的。这天，张忠云去主管办公室汇报工作，小舟就跑到张忠云的电脑上玩游戏，谁知老总偏偏这时候路过，就推门进来看看，接到示警的小舟飞快地跑回了自己的办公桌。老总进来时，小舟正在"专心致志"地工作，但是张忠云电脑上的游戏网页还没有来得及关上。

老总看到，勃然大怒："这是谁的电脑？马上把他给我找来！"张忠云是被同事从其他的办公室叫回来的。老总当着众人的面质问张忠云，张忠云一看自己的电脑就明白了，他知道这次绝对不能再背黑锅了，否则今天就可能被炒鱿鱼。所以他认真地对老总说："刚才，我在主管那里汇报工作，不是我在玩儿游戏。至于是谁，您可以再调查。"

主管也闻讯赶来给张忠云作证。老总怒气未消，环视了一下办公室的几名职员："是谁在玩儿游戏，请你到我的办公室来一趟。"随后老总就回自己的办公室了。

半年后，张忠云坐上了部门主管的位置，令人羡慕不已，大家都说他是背黑锅背出的好运。

张忠云的好运确实与背黑锅有关，因为他知道什么样的黑锅可以背，什么样的黑锅不能背。我们可以替人背黑锅，但一定要选择能背得动的黑锅。当上司身处危难、显然需要你的帮助时，即使上司不开口，也要主动帮助上司分担一些压力。不过，一定要量力而行。当上司犯的是"死罪"的时候，这个替罪羊你千万不能当，因为你可能没有机会等到上司向你报恩了。

职场如战场，千万不要想当然地认为职场是净土，正所谓你不找事，事也要找你。一旦有"被"当替罪羊的苗头，一定要懂得保护好自己。任何工作都有一定的风险，如果不注意保护自己，那么结果很可能是：好处都被别人捞了，黑锅却由你一人背。

5. 在夹缝里找阳光

有这么一个故事：

一个人用马车运了一车花籽，在路过一片草地的时候，不小心撒了一些。这些花籽有的掉在肥沃的草地上，有的掉到了路旁大树下，有的掉到石头的缝隙里。

那些落在草地上的花籽高兴地说，自己在这片肥沃的土地上能够获得足够的养分，会发芽长大，开出最美丽的花朵。那些落在树下面的花籽也很高兴，说自己有大树的保护，不怕刮风下雨。那些落到石头缝隙里的花籽没有说话。

秋去春来，第二年春天，这些花籽都发芽开花了。那些在肥沃草地上的花确实开得很美丽，但是很快被风吹折了，或者被路过的人和动物给踩踏了。依靠大树庇护的花，缺少太阳的照耀，养分也被大树吸走了，都开得无精打采，不久就枯萎了。

而那些长在石头缝隙里的花，虽然没有足够的养分，照进来的阳光也不多，但是它们开着倔强的花朵，虽然不是那么光彩照人，但是这块土地上生存到最后的花朵。

在办公室里，职场人的生存状况就和这些花籽一样，有些人优势很明显，综合实力很强，得天独厚；有些人有个好靠山，高枕无忧；也有些人生存在办公室的边缘，默默无闻。

这些处在办公室边缘的人，很多选择了自暴自弃，浑浑噩噩地混日子，到点就下班走人，还时不时发一通牢骚，人前人后抱怨几句。

如果你这么想、这么做，那么你的职业生涯就算毁了。你应该像石头缝里的花那样，不求阳光普照，不抱怨环境差，而是坚持做好自己的本职工作，从而显示出自己的价值，让领导认识到你的重要。

小曾在办公室里是一个透明人：坐在办公室的角落里，平时少言寡语，工作能力平平，也没有什么过硬的关系，整天在自己的角落里忙活自己的“小事”，几乎让人想不起有这么一个人存在。

那些做“大事”的尖兵每天都风风火火，各种新点子、新方案不断，经常往老板办公室跑。他们看不起靠关系进来的那些人，也没空搭理小曾这样没合作价值的人。

那些靠关系进来的人，工作马马虎虎，经常聚在一起聊天。他们既不愿意搭理出风头的风云人物，也不愿意搭理小曾这样没背景的人。

小曾落得个清静，安静地处理自己琐碎的工作，并提交自己的专业能力，空余时间还能学学风云人物的工作方式和思维方式。在别人为方案的选择争得不可开交的时候，把自己比较实在的方案默默地发到老板的邮箱。

经过几番战争和整顿，原来那批风云人物走的走、调的调，留下的一两个，公司也只是作为业务精英培养，肯定不会提拔他们；而那些靠关系进来的人，也因为几次高层的变动，基本都被辞退了。

几场风波，唯一没受到波及和打压的，就只有一直默默无闻做自己事情的小曾了。他的工作没有任何纰漏，并且一直在稳定地进步，提出的一些方案虽然创意不多，但可操作性高。老板虽然没有当众表扬小曾，但是在心里已经认可了他这个人。

又一次调整，小曾越过所有人，当上了办公室主任。而那些看不起他和懒得搭理他的人，一阵窃窃私语后，忐忑不安地等待着公司对自己的处理。

仔细想一想综合实力强和有关系这两种人。综合实力强的人是最耀眼的，他们是吸引老板目光最多的人，但这些人的内部竞争也是最激烈的。他们时时刻刻需要小心翼翼，不但工作要做得出彩，同时还得谨防他人使绊子暗算自己，还得和竞争对手明争暗斗，为压人一头成功上位绞尽脑汁。而且这类人不能犯错，犯一次错就可能让“惦记”着他们的人把自己踩下去，取而代之。

有靠山的人活得没有综合实力强的人那么辛苦，但是他们活得心虚。表面上，他们有足够的别人赋予的“阳光”，但是他们自己内在没有任何“养料”。他们的命运不是攥在自己手里，完全由别人的沉浮来决定。靠山在则自己在，靠山倒自己就完了，没有任何安全感。

说到这儿，是不是觉得像小曾这样的人反而比较好呢？这类人没有很多人关注和打扰，可以专心地做普通职员该做的事，只要搞好自己的工作就行了，不需要为别人操心，也没有人会去动他们的脑筋；同时，还有足够的空间去提高自己的工作能力，让自己变得不可替代。他们表面上不会对其他人构成威胁，也不会有人来抢他们仅有的“阳光”。

当综合实力强的人在互相竞争中一茬茬轮换的时候，当有关系的人因后台倒了而被辞退的时候，生活在“夹缝”里的人对单位不可或缺的重要性就凸显出来了。

他们不浮躁，他们能做事，他们能创造价值，最后的结果是他们会升到部门管理层的位置上，走到台前，开始掌管别人的“阳光”。

6. 小报告的危机公关

大概从我们上小学开始，被打小报告就成了我们生活中的一部分。打小报告是指一种不正当的举报行为，或是内容不正当，或是动机不正当，或是手段不正当，甚至几者兼而有之。

无论是在学校还是职场，一个团体之内肯定会有那么几个人动不动就往领导办公室跑，以一种不经意的方式说几句话，然后平时开的普通玩笑、私下的一些行为，就都传到领导耳朵里去了。

在职场中，小报告都是打给领导听的，绝大多数领导都不会拒绝借助员工打小报告的方式了解更多的情况，但并不是所有的领导都有处理好小报告的能力。如果领导是一个实事求是的人，这种小报告也起不到多大作用。但如果领导是一个黑白不辨、易轻信他人的人，小报告就会对被诬陷者构成威胁。

丁岚进入单位以后建了一个 QQ 群，目的完全是为了方便公司同事之间的交流。

谁知道，这件事情到了别人眼里就成了丁岚进公司不久就成天挂在 QQ 上，有事没事就在 QQ 群上组织大家侃大山，影响了其他同事的工作……

自然有人把这话传到了领导的耳朵里。领导找丁岚谈话，明确叫她不准再“玩”QQ！

丁岚绝对没有利用上班时间聊过和工作无关的事情，而且公司同事用QQ传文件、沟通工作甚至偶尔聊天都是很正常的，公司从来也没有禁止过。但是收到领导的禁令之后，丁岚还是关掉了QQ群，还把QQ从电脑里卸载了，一切往来都凭邮件吧，只是心里觉得委屈。

既然公司并没有禁止使用QQ，那么，应该说这位领导处理小报告的方式有问题。丁岚最大的“罪名”，应该就是开了个QQ群，用不着这么严厉地处理。

不过，这件事还可以从另外一个角度考虑。作为新人，你可以想想：需不需要你来做这只出头鸟？你建QQ群的时候有没有先跟行政部的领导汇报？如果这些都做过的话，那么别人要打你的小报告也无从打起。

如果没有做好这些，当领导找到你的时候，你仍然可以有理有据地给他分析，QQ群给工作带来的便利是什么。当然了，说的时候要很有技巧，要让人感觉你是“从工作出发”，而不是在跟上司顶嘴，为自己辩解。如果能够说服上司，自然就继续照常工作，所谓日久见人心，你工作是不是努力，建立QQ群是为了工作还是为了聊天，时间长了自然会看得出来。就算是无法说服上司，关闭QQ群之余，也没有必要像小孩子赌气似的把QQ一并删除——这样不是反倒承认自己的确是做错了吗？只要没错，就不必在意别人说什么，该做什么就做什么，做好自己的事才是正经事。更何况，同事之间既然有用QQ传文件的习惯，那么删除了还真的有可能造成工作沟通上的麻烦。

有句话说得好：“大公司做事，小公司做人。”这是因为在大公司什么事情归什么人管都有很明确的界限，部门之间的配合与管理也有清晰的标准，分工和责任很明确，出了事情会有相应的人来承担。但是小公司就不见得了，从规章制度到各个部门、员工的工作职责，在很多时候都是模糊的。

在这种情况下，同事间的关系就会比较复杂，也就更有可能出现基于各种目的小报告。在知道被人打了小报告的时候，愤怒、委屈一定会有，但一定要让自己先冷静下来，分析这件事自己究竟有没有错。去找告状的小人对质实属下下之策，对事不对人才是永远有效的法则。我们管不住别人的嘴，能做的只有控制自己不犯错，并想好应对小报告的方法。这里有几个可以参考的原则：

第一，控制情绪。这时候一定不能让自己的情绪爆发，要分析这件事自己到底有没有错。事情已经捅出去、收不回来了，想想怎么解决才是当务之急。

第二，以事实应对。小报告出现以后，领导很有可能找你谈话。如果你是无辜的，那么沉着冷静地针对小报告的内容，把事实材料整理清楚，如果有文本资料（邮件、通话记录等）或人证那就更好了，用事实说话，进行强有力的反击，比任何口头语言都管用。如果自己的确有可以改进的地方，那么没必要反击，在领导面前表个决心，保证改正就是，这样还能得到领导的好感。

第三，先发制人。如果老板对自己的态度由好变坏，把本来属于自己的业绩转给了别人，而自己又不清楚原因的时候，不妨创造机会主动找领导沟通。很有可能是同事打了小报告，而自己还蒙在鼓里。如果真的是这样，而且有些事情不属实，你就有了澄清的机会。

第四，严于律己。千万不要在同事面前对公司的人和事发表负面评价，比如对老板的抱怨、对同事的不满，以及对公司的制度提出异议等。遵守公司的规章制度，不要给别人留下把柄，避免工作时间打私人电话、闲聊或迟到早退。另外，和同事相处的时候不要太过计较，吃些在明处的小亏也没什么。

7. 不是认输，是以退为进

拿破仑说，不想当将军的士兵不是好士兵。现代职场人说，不想升职的员工不是好员工。但是升职的岗位就那么几个，拼命争抢的人却那么多，凭什么领导要选择你？尤其是你表现并不突出，甚至有点差的时候？

这一节我们要讲的，就是在竞争形势不妙的情况下，适当地“认输”，采取以退为进的策略，实现曲线升职。

有些人求职的时候心高气傲，小单位瞧不上，大单位又进不去。这时候跟人家谈专业、谈理想是没有用的，首先要找到一个能证明自己能力的平台，而不管它有多小，这样你才有飞上枝头变凤凰的机会。

还有一些很有实力和真才实学的人，他们能够进入心仪的公司，但是进不了中意的部门。虽然他们在现在的部门里能独当一面，但是这样的人并不只他们，和他们水平相近的人有不少。这时候，很多人只好感慨“既生瑜何生亮”。在这种情况下想升职？洗洗睡吧，梦里倒是一切皆有可能。

农村出身、毕业于清华大学的周勇年，为了减轻家里的负担，放弃了读硕士的机会，本科一毕业就进入一家知名企业当工程师。

胸怀大志的周勇年入职一段时间后，和办公室的同事混熟了，心里有点虚。原来除了他，整个设计组都是硕士和博士学历。

周勇年心里嘀咕，在这样的环境下，自己想出人头地比登天还难。好在周勇年人聪明、做事勤奋，很快就在公司站稳了脚跟。一年之后，他取得了不错的成绩。但是其他人也非等闲之辈，每个人的表现都很出色。公司每次的升职或者评优，周勇年都没有任何机会。

周勇年觉得这么下去不行，学历吃亏不说，硬实力方面自己并不占优势。他思考了一阵子之后，做出了一个自降身份的选择，主动向领导提出调到市场部。这让办公室里的人都大吃一惊，因为市场部是个对学历和专业能力要求都不高的部门，总是在外跑销售，辛苦不说，薪水也没有设计组高。

到市场部后，没有了比他学历更高的人才存在，周勇年大展拳脚。由于是设计组出身，他对产品的性能更了解，也更会变通。一年下来，他已经升为市场部主管，论职位，比设计组的组长还高一级。而当年和他一起在设计组共事的人，很多仍是一名小小的工程师。

其实很多时候，选择认输，离开竞争激烈的“高级”部门，去一个环境相对轻松的部门，以便更好地发挥自己的潜能，这并不是认输，而是以退为进。周勇年的经历就很能说明问题。一堆牛人在那儿扎堆，没有绝对优势的话，这种竞争只是在浪费时间和精力，还不如去一个能完全发挥自己能力的地方，另起炉灶，鸡头并不比凤尾差。

在职场，没有特别突出的亮点，就一窝蜂地跟着所有人一起瞄准同一个位置是很愚蠢的行为。在这个时候，选择性“认输”，以退为进，不失为一个曲线上位的好办法。

但是一定要注意，这种方法不是谁都能用的，要想成功，必须做好心理和能力两方面的准备。

第一，心理准备。如果你打算这么做，首先得做好遭受别人以认输的眼光看你的心理准备，同时得做好遭受各种不公平待遇的准备，比如降职、降薪，还有那些平常对你恭恭敬敬的人的变脸。有胆识选择战略性“认输”，你就得有胸怀接受这些。

第二，能力准备。如果在现在的环境下很长时间都得不到提升，可能不仅仅是竞争强烈所致，还有可能是自己能力不够。那么，你就需要有一个清醒的自我认识了，弄清楚到底是能力不够还是有其他的原因，如果是能力不够，以退为进可不行，很可能退了就再也回不来，那可就是真的输了。

对于多数人而言，倘若自己的能力足以胜任现在的工作，他们就会将目标锁定在更进一步上。但是，还有少数人恰恰相反，他们甘于冒险，主动去做一份看起来有些退步的工作。因为他们认定，这份新的工作能够帮助自己掌握一些新的技能，从而推动自己获得更大的提升。

有时候，往前迈出一步的最佳方式就是往后退一步，给自己腾出快速上跳的空间。

8. 上位，功夫全在工作外

工作中常常会有这样的情况：有人做了很多，但是得到升迁的不是他，涨薪也跟他无缘；而有人虽然做得不是很多，但是每做一件事都搞得有声有色，引来老板的赞赏、同事的羡慕，升职加薪等好事自然尾随而至。造成如此不同的境遇的关键是：前一类人的成绩没有被老板看在眼里，记在心里。

其实这是一个选择等待还是主动争取的问题。不要指望老板有时间和每一名员工进行沟通，这是不现实的。老板不可能对每件事、每个人都了如指掌，如果你想在公司有所发展，消极等待与默默工作都是不可取的，努力找机会让老板明白你的想法，知道你工作的成果，才是积极的做法。

有很多老实人只顾低头拉车，从不抬头看路，结果辛苦了一辈子也没升职提干，这种叫"傻干"；有的人平时不勤快，但是在领导面前特别勤快，结果他们升得飞快，这才是真正的能干。

要在职场上取得成功，就是要做一个真正能干的人。每次都是关键时刻才出手，在领导急得直挠头、别人又都不愿意出头的情况下挺身而出，把事情办了，把领导的难题解决了，这样的人被提拔丝毫不会意外！

那么，你是想傻干还是能干呢？当你干完一项工作时，怎样说才能使你的成绩看起来更漂亮呢？

领导做完指示，你理解了领导的意图后，可以用这样的语言简要地重复一次：“你说的意思是不是这样……”或“你看刚才你的话这样说……行吗？”

这样做的目的是让领导放心地把工作交给你干，领导会对你产生这样的印象：“他办事，我放心。”而且这样还可以记住命令的内容，不至于遗漏或做错。

如果你穿的衣服破破烂烂、皱皱巴巴，会让人觉得你活得窝囊。记住，要把脸刮干净，把头发梳齐，穿衣服要考究、整齐干净，皮鞋一定要擦亮。这样才能给人以活力、生气。这是形象分。

接电话时，要露出笑容。也许你会问，对方看不见，干吗要这样做？心理学实验表明，你的心情一开朗，音调自然会发生相应的变化，对方也可从中“听”出你的笑容，从而对你产生好感。

电话铃响后，比别人抢先接电话，给人以机灵、勤快的感觉，领导会看在眼里、喜在心里。接电话必须把内容搞清楚。例如，某高校学生组织要向你公司寻求赞助，你就应尽可能地多了解情况：寻找赞助是要搞什么活动？这个活动能给公司带来什么收益？赞助的形式、金额、时间等也都应搞清楚。这样向领导汇报时，才能不会被领导问住。

随时汇报你的工作情况。有些事情，自己觉得是小事，但是对于公司来说，可能有另外的解读。

邮件要抄送领导，这点不但是工作要求，也有一定的道理在里面。领导就是不看邮件，以后也会有据可查。更重要的是，这可以让领导知道你在和客户或者同事积极地交流。千万不要担心领导的邮箱空间不够！

一有进展，就要向领导汇报，可以邮件，可以口头，尽量提高自己在领导面前的曝光率，熟脸永远比生脸好使。比如说你在电梯里面遇到了领导，就可以汇报：好消息，项目就要完成了。

在自己的工作台上，少放私人物品，可以工作台隔板上贴上一些与工作相关的便笺，比如工作流程、一些优先做的事情。如果是老板的重点指示，而且还是用邮件发过来的，就直接打印下来，贴上去。

身处职场，要想尽快升职，就必须表现出自己的能力，干出一定的成绩。但这需要一个过程，需要持之以恒、坚持不懈地努力。

第五章

利用一切资源，别陷入孤军奋战

1. 职场“效忠”术
2. 把握好和领导、同事之间的距离
3. 处于职场边缘的那些性格
4. 靠山山会倒，靠人人会跑
5. 巧用大棒加胡萝卜政策
6. 办公室的“三从四得”
7. 别让野心噎着了自己

1. 职场“效忠”术

中国人向来有忠君思想，说的好听些，这是文化传统；说的直接点儿，就是奴性。忠君，实际上就是承认某个人比自己的地位高，承认对方理应统治自己，并且不抱任何独立或反抗的念头。这就是一种奴性，如果你觉得自己应该和其他人平等，那就不该对任何人有效忠的想法。

也许有人会说，上司确实有管理的权力。好吧，让我告诉你，管理其实是种利益交换。你服从上司的管理，他给你发薪水，这是很合理的交换。但效忠不同，效忠是从思想到灵魂的完全敬服，如果你有信仰的话，可以完全地效忠于神，这是放弃自己的独立性和平等性，完全臣服于对方。是的，效忠所对应的就是臣服，当你决定效忠于某人前，请先想清楚，你决定臣服了吗？

一定要对公司忠诚？这是一个极大的谬误。公司永远号召员工要忠诚，并由此发展出一套企业文化。但是，当公司裁员的时候，是绝不会可怜你的。

确实，公司需要员工忠诚。当员工工资不高的时候，需要忠诚；当需要员工加班、频繁出差的时候，需要忠诚；当公司需要员工去外地工作的时候，需要忠诚。但是，当你想进一步接受培训的时候，当你向公司请假处理事务的时候，公司领导也会面露难色，说公司很忙，离不开你。公司就是这样一个怪异的存在，它会让员工变成身上没有头脑、只有胳膊不停地干活的怪物。

有些单位还设置了忠诚奖，用来奖励那些对公司忠心耿耿的员工。总的说来，职场中是肯定存在忠诚的，而且职场也需要忠诚的员工，但这并不是个简单地向领导、向企业效忠的问题，我们需要梳理清楚，职场应该在什么范围内忠诚，对什么忠诚。

小黄毕业之后去了一家很小的民营企业上班，在那里遇到了比他大十岁的刘哥。刘哥是个很有想法、业务能力也很强的人，同时也很热情，经常帮助小黄。

在一起工作了大半年之后，刘哥整合了一下自己的资源，还拉到了一笔资金，就跟小黄说自己准备脱离单位出去单干了，问小黄愿不愿意跟着他。小黄毫不犹豫地答应了，至于原因，其一，这家公司确实太小，小黄觉得不利于自己的发展；其二，出于对刘哥个人魅力的崇拜。

就这样，他跟着刘哥出来成立了一个新的工作室，跟着新老板一起加班、熬夜、出差、跑业务，短短一年，就一起把工作室做得像模像样，自己也颇有收益。又是一年之后，因为工作室的成功，一家业内的大企业将其出资并购，刘哥是一方主管，小黄依然跟着他打下手。

没过多久，刘哥再次找到小黄，说自己找到了新的兴趣点和投资方向，问小黄愿不愿意跟着他一起走。这次，小黄犹豫了。一方面他热爱现在的这个行业，并购后总公司提供的平台也足够广阔，现在正是他一展宏图的好机会。另一方面，正是因为有了刘哥的帮助，他才有机会从一个稚嫩的大学生、一个小企业的员工奋斗到现在这个地步，按理说，他应该对刘哥忠诚，跟着刘哥走。

小黄陷入了苦闷的选择之中……

其实这并不难选择。每个人在做出职业选择时，应该且必须有三个判断：

第一，要考虑这个职业的发展前景，这个行业的新趋势是怎样的。

第二，要考虑自己是否适合做这个行业，也就是你的才能、学识是否能够得到充分发挥。

第三，要考虑你所选择的这家企业在整个行业中的地位和前景。也许行业是朝阳的，而你所处公司的管理和商业模式有问题，那就需要考虑出路了。

在这三条之外，还应该对自己的薪酬、职位、人际关系等做一番考虑。

从以上三个判断可以看出，职业选择的关键点是和你的职业前途联系在一起的，而不是那些跟你一起工作的人。任何一个部门、企业的发展都需要领头人，而领头人通常会具备一些吸引下属的人格魅力，但是职场中的吸引和魅力与感情上的吸引和魅力完全不同。后者可以是盲目而感性的，而职场在这一方面则是理性的，因为一切都建立在工作和利益的基础上。忠诚也好，背叛也好，工作顺利、大家获利才是职场的成功，工作不顺、还不挣钱就是失败。所以，职场中的忠诚必须是清醒和理性的，只有这样，在职业生涯不可避免的一系列选择中，才不会偏离自己的职业追求，才能忠诚于自己，而不是其他任何人。

以上所说的，是真心效忠，这与表面效忠完全是两回事。表面效忠，其实质是对上司的利用。有人或许很迷茫，上司有管理权，操纵着你的“生死”，又怎么可能被小职员利用呢？当然是有办法的，而且时常很奏效。关键在于你不能有效忠臣服的思想，只有保持独立思考和独立的价值观，才可能成功。

那么，怎么利用上司呢？自古以来，有很多很多这样的例子，而最常见的方法，就是利用上司的喜好。每个人都有自己的爱好，有贪财的，有好色的，有贪杯的，甚至有爱好工作的。不管怎样，是人就会有喜好，有喜好就可以被利用。但是，你绝不可混淆“利用”和“交换”这两个概念。比如，你给一个贪财的上司送了笔钱，换得升职，这就不是利用，而是交换，你用钱换来了职位。

什么是利用呢？比如你的上司最喜欢别人勤勉地工作，而你就利用这一点打击对手，使竞争者不得翻身。你无须额外付出什么，却可以让上司替你达成目的，这才是利用。

这里不妨看一下明代嘉靖年间徐阶和严嵩之间的斗争。实际上，严嵩和徐阶两个人都是利用皇帝的高手。

嘉靖皇帝热爱修道，这是人所皆知的事情。严嵩就经常利用这个喜好来讨嘉靖的欢心，使自已数十年屹立不倒。但谁能想到，徐阶能扳倒严嵩，竟也是利用了嘉靖皇帝的这个喜好。

徐阶买通了一个叫蓝道行的道士。这道士在给嘉靖皇帝扶乩占卜时，故意说严嵩是奸臣。嘉靖对于道术之迷信，已经到了难以自拔的地步，他根本没想到，这个道士早就被徐阶收买了，所说的话不是上天的意图，而是徐阶的意思。最后，嘉靖皇帝动了心，后来果然将严嵩罢了官。

2. 把握好和领导、同事之间的距离

身在职场，你和身边的人只有两种关系：从属关系、同事关系。能否把握好这两种关系，是决定一个人职业发展是否顺利的关键。

上司是每个职员工作的领导者和考核者，掌握着员工的利益分配和事业成败，因此，把握好和上司的距离是至关重要的。这可不是个简单的活。许多人以为只要绞尽脑汁讨好和巴结上司，自己就能一帆风顺、前途无忧了，很遗憾，他们都得到了相反的结局。

初到新单位，切不可随波逐流，学着某些人跟上司套近乎。这是致命的大忌，千万别步入这一误区。

原因有三：第一，其他同事与上司频频接触或逢迎拍马，大家习以为常，见怪不怪，而你因为是新人会受到关注，进而引起同事们的嫉妒和反感。第二，你初来乍到，对上司的品行、学识、性格不甚了解，频繁接触上司会出现种种尴尬，即使你是博取上司欢心的高手，在此时亦会捉襟见肘、弄巧成拙。一旦引起上司的反感，结局可想而知。第三，频繁接触上司还会引起同事的猜疑，尤其在你是女性而上司是男性的情况下，人们会认为你与上司有某种特殊关系，如果闹得飞短流长，那才是“出师未捷名先臭”呢。

从领导的角度来讲，他们也不太认可这种方式。虽然每个人都喜欢听好听

的话，但是对于一个聪明的领导者来说，他会辩证地去听，他会认为套近乎的人要么有事相求，要么就是某方面有短板需要靠接近领导来弥补。一定要弄明白，在企业里是员工为领导谋利，而不是领导来为员工补漏洞。

和上司相处必须掌握好分寸，控制好火候。上司对你笑了，你不能晕乎得找不着北；上司对你发怒，你也大可不必惶惶不可终日，沮丧得吃不下饭。正确的态度是：宠辱不惊，不卑不亢，有理有利有节。切记，与上司走得近可以，但是不要和上司形成如下三种关系。

关系一：哥们儿。如果你的上司格外温和，处理事情和对待下属非常民主，愿意聆听下属的意见，如果你的老板非常器重你，经常带你出席各种社交场合，那么，你千万不要得寸进尺，当着其他人的面与其称兄道弟，以显示你与他的特殊关系。上司再温和、再民主，也需要一定的威严，你与他的这种关系只能降低上司的威信；你的同事也会开始对上司的命令不当一回事。当他发现他越来越没有威信的时候，等待你的就只有疏远或者离开。

关系二：保姆。有的人过分看重与上司的私人关系，有时候甚至在事实上做了上司的保姆或者说用人。他希望能跟领导走近，就经常给领导端茶倒水，打扫办公室卫生，双休日还到上司家中看有没有事可以帮忙。这样做，上司虽然会喜欢你，但你的角色仅是一个跟班。在领导心中，这样的人，适合永远做属下，而不合适升迁做管理人员。

关系三：情人。首先，我们不能断然否定上下级之间恋情存在的合理性——如果双方真有此意而且合法的话。但更多的时候，与上司建立情人关系对双方都是没有好处的。如果这种超出工作范围的情人关系是发生在出轨、偷情的情况下，就更是玩火了。在大多数情况下，你与上司建立了情人关系，最终等待你的极可能是你在这家公司职业生涯的终结。

真正走近上司也有三招，和大家分享。

第一，本分尽职。不要刻意拉关系，你要明白上司与下属有着分工不同、责任不同的差别。上司负责统筹全局，管理整个公司或部门。员工的工作则是正确地理解上司的意图，做好具体的工作，具体地讲，就是有请示、有汇报，对待各项工作都认真负责、有始有终。

第二，用眼神向上司表示钦佩。向上司表示钦佩并不是拍马屁，但是赞扬一定要语出有名，有道理。如果胡乱奉承，上司是能够分辨出来的。其实，你根本用不着用肉麻的话来表示自己的态度。佩服的眼神比说出来更有效，也更有价值。在上司或老板发表精彩的讲话时，有意无意地表现出佩服的样子，比如微微点头，上司就会感觉到你的诚意。

第三，勇敢地坐到上司旁边。常常见到这种情景：开会的时候，很多人都争着坐在离上司较远的地方，结果好像领导身边成了禁区。也许有的人怕坐在领导旁边被人在背后说拍领导马屁。其实，敢坐在领导身边，恰好是你一种自信的表现，而且可以在同领导的交谈中，更深入地了解领导。离领导近一些，收获也许会超乎你的想象。

下面说一说怎么把握和同事之间的关系。

同事关系，就工作而言是一种协作关系，就个人利益而言是一种竞争关系。竞争与合作的关系像手心手背一样，是同一事物中的两个方面。在现代社会里，协作关系越来越密切，失去同事们的协助，就如同一叶孤舟一样，难以远航。

有的人很聪明，工作能力也很强，但是不能与同事友好相处，实际上，这并非他们有意为之。这是因为他们较少考虑自己的行为对同事是否有影响，时间长了，同事们对他避而远之，他自己也就成了真正不受欢迎的孤家寡人。

如果每个人都能把建立良好的同事关系当成一种追求，把维护同事关系当成一种责任，在与同事交往时自觉注意自己的言行，求大同存小异，充分尊重别人的兴趣和爱好，容得下别人的一些独特的作风，不求全责备，就能与不同性格的同事和谐相处。

有位哲人说，世上有三种人：一种人离生活太近，不免陷入利害冲突之中；一种人离生活太远，往往成了不食人间烟火的隐士；还有一种人与生活保持一种恰当的距离，这种人就是豁达的人。有追求而不苛求，宽容大度而不自私狭隘，只有这样，才能与领导、同事保持融洽的关系。

3. 处于职场边缘的那些性格

我们每一个人都处在各种各样的团队中，这就要求我们要学会欣赏人、尊重人、理解人、团结人，这既是一种品德、一种境界，也是一种责任。不过，每个人的阅历、知识、能力、水平、性格都不相同，相处久了，难免有些磕磕碰碰，只要不违反原则，就应从维护团队利益的角度出发，求同存异，坦诚相见，这样才能既为公司的成长添砖加瓦，也可以为自己的职业发展铺好道路。懂得团体协作、善于虚心学习的新人，才能在职场中成长得更快。

每一个部门里总会有那么几个人处在人际圈的边缘。我们用十个典型的真实事例来解读产生这种情况的原因以及它所造成的后果，希望对大家有所启发。

1. 太内向，极不合群

物流公司新来了个女孩，上午上班的时候没有人知道她是几点来的，经常是这会儿她的位置还空着，转眼上面就坐了个人。下班的时候也是这样，大家收拾东西的时候她还在，一转身她就不见了。中午大伙儿都聚在一块儿吃工作餐，她却带着饭找了个角落一个人吃。周末同事们组织活动，一起吃饭、唱歌什么的，她也从来不参加。平时有人跟她打招呼，她也就是点点头，也不说话。后来大家都习惯了，几乎忘了还有这么一个人存在。

2. 太爱表现

证券公司来了一个应届毕业生。他是日语专业毕业的，但是工作中暂时没有用日语的机会。然而，他仿佛一天不用日语就难受得无法工作似的。平时同事交流或者开玩笑，有事没事他总会来几句日语，也不管这样会引起别人反感。特别面对女同事，他的表情就像是在炫耀自己的日语讲得有多棒。此外，几乎每天他都要在办公室打一两通完全讲日语的电话。他这样地表现自己，导致最终没有人再和他说话了，他只能用日语自说自话。

3. 推卸责任

婚庆公司来了个小姑娘，工作了两个月后，还经常把自己当作新人，觉得其他同事应该照顾自己，有什么问题也一概不关自己的事。她经常犯错，开始一两次说自己没经验，大家都可以理解，但是后来她仍然如此，一遇到问题就把自己的责任推得干干净净，一旦做错事被发现就大找借口，还不忘加上一句“我是新来的，所以原本不懂这样的规矩”。自然，再也没有人愿意帮她的忙，她也很快就因为被孤立而不得不离开了公司。

4. 行为怪异

外贸公司曾经来过一位员工，刚来的时候大家没发现什么不对劲的地方。后来慢慢地发现这个人有些怪，经常在大家做事的时候突然哼几句外文的饶舌歌曲，而且上班的时候一直穿着颜色鲜艳的大号宽松的衣服，还经常在头上戴个大耳机，上班的时候也不摘，坐在工位上一边敲键盘一边摇头晃脑。不看他吧，觉得不自在，看吧，又反感。后来大家试着跟他提出意见，却并没有被他采纳，他说自己就喜欢这种风格，不这样他不自在——别人不自在是别人的事。到最后，实在忍无可忍，有人向公司领导反映了这个情况，公司领导出面和该员工进行了沟通，沟通的结果是他第二天就交了辞职书。

5. 自作主张

一家 IT 公司曾经来过一位新员工，第一天进公司，就毫不生分地对身边的同事说："电脑借给我用一下。"也不等同事回答，就把电脑抢过去用上了。隔了几天，他又擅自拿别人桌上的面巾纸、口香糖。同事看见后，质问他为什么随便拿别人的东西，他还理直气壮地回答："我以为是公用的。"从这以后，同事们的物品上都贴了名字，省得私人物品被他当作公用品用了。也是自从这件事情之后，没有一个同事愿意跟他说话。没多久，他很自觉地申请了离职。

6. 敷衍了事

策划公司电话销售员的工作看似简单，但是整天握着电话打也不是一件轻松的事情，所以，一位新人就敷衍了事。一次公司找全了名单，让他打第一遍电话推荐公司正在筹备的某一展会，问问对方有没有兴趣参展。他一开始打得很卖力，后来他就开始偷懒了，凡没打通或者暂时找不到负责人电话的，他就跳过，然后向领导报告说这些单位不准备参加本次展会。最后东窗事发，离职自然免不了，还受到了训斥和罚款。

7. 不拘小节

您是不是曾经也遇到过这样的事：原来公司里有个男生，戴着一个耳钉，头上一小撮一小撮的黄头发，牛仔裤上剪几个大洞，电脑包斜挎在身上，走起路来松松垮垮的；而且，进门自己先进，出门自己先出，主管、同事走到他身边说事情，他就只是在那儿坐着听。自然，他连试用期都没通过就离开了。

8. 眼高手低

一家文化公司的老员工透露，他们这些老员工对几个新进来的员工特别不满。现在的大学生，对社会的接触要比过去的人早得多，接受新东西快，社会阅历也比较丰富，可是总觉得他们太浮躁，拿八面玲珑当聪明智慧。一些新人跑腿、倒水、帮忙做事都还蛮勤快，可是撑不了一个月就原形毕露，遇到点困难或自己不想做的事就找借口推托。这些都算了，还老觉得公司不重视自己，老让自己干些无关紧要的工作，在背地里抱怨同事死板、领导不识货等。结果自然是离开公司，去找“识”自己的单位去了。

9. 缺乏主动

营销公司来了新人都会接受培训，老员工一般也都会帮助他们，但是有一个新人就像驴拉车一样不赶就不动，人家不来教她就不学。有一次，领导看见她在上网闲逛，就把她找到办公室谈话。她说看大家在忙，不知道该干什么，所以只好上上网，看看这里看看那里。领导说不是有培训吗？她说培训没人邀请她去，所以就没有参加。领导彻底无语了，当天就让她收拾东西走人。

10. 过于稚气

有一次，一家数码耗材公司让一个新人给外地的供应商汇款，很简单的事，结果她却连着两次都因为粗心而把单据填错，款项全数退回，最终还是上司亲自出马才弄好。上司责备她，她却哭了起来，反而弄得上司颇为尴尬。自那以后，没人敢说她了，自然也没有人会去哄她。被孤立的她，只能默默离开了。

要建立职场伙伴关系，首先要弄清楚每个人的工作权责，在你身边出现的每一位同事都有他的权责及工作要求，能把自己分内的事做好，你就应该欣赏他、尊重他。面对上头分派给你的工作伙伴，你应该努力去欣赏他的工作能力而不是挑剌，只有尊重对方，才能被对方接纳。其次，你想你的工作搭档如何对待你，你就先要用同一态度去对待他！

刘键毕业于一所名牌大学，几年的市场实战历练使他羽毛渐丰。经朋友介绍，他从广州来到武汉，在某公司市场部就职。由于有扎实的专业知识和大公司里积累的工作经验，大方开朗的他深得领导青睐。一次，公司在内部广征市场拓展方案，经理在分配任务时提醒：刘键与其他几名“后起之秀”，可以每人单独完成一份，也可以合作完成一份。

凭借在大公司工作的经验以及对市场行情的把握，刘键决定单干。他花了整整一个星期的时间，细斟慢酌，搞定了“大作”。报告上呈后，经理的评价出乎他的意料：“缺少本地化的东西，操作性不强。不过，你的宏观视野很开阔。”之后，经理把几名“后起之秀”叫到一起，让他们分别揣摩彼此的方案。在经理的要求下，他们对各自方案中的亮点进行了提炼，然后组成一份新的方案，结果，新方案被老总评为优秀，列为备选的最终方案之一。想着自己能与资深员工“并驾齐驱”，他们甭提多高兴了。

事后，经理指出，他之所以给出提醒，就是想让这几名年轻人合作，取长补短，不料他们竟然都选择了单兵作战。刘键总结这件“策划否决案”时，感慨地说：“要想尽快成长，还是得注重团队协作啊！”

做成、做好一项工作，一定是一个团队合作的结果，不是靠一个人就能搞定的。而同事间争功最明显的表现就是在需要团队合作的时候，人与人之间、部门与部门之间互不买账。出色的员工是不会斤斤计较自己的得失的，自然也不会争功抢风头。在职场中与同事相处，要具有取长补短、宽容他人、乐于助人、不贪功的高尚品格，懂得工作的成功和目标的达成不是自己一个人的功劳，而是团体合作的结果。

4. 靠山山会倒，靠人人会跑

在《潜伏》里，余则成屡遇危险，时常被敌人怀疑打击，但余则成每次都能转危为安，甚至官运亨通。这是因为余则成一直都有靠山，一开始是军统上司吕宗方，后来还有戴笠这样的大人物。正是这些靠山的存在，让余则成多次转危为安。

所以在职场中，不仅要和上司们搞好关系，还要为自己找一个靠山。

但是，如何才让自己有个靠山，而且即使靠山倒了自己也能平安无事呢？就是让自己有足够的价值，以至于每个上司都必须拉拢你，这样的话，倒了一个，另一边还有人撑着。

为此，你必须做到以下三个方面：

第一，你要有基础价值。当一个上司有对手存在的时候，他就需要下属的站队和效忠，而这就是你的基础价值之一。每个人在职场上都会有不安全感，位置越高的人越是如此，而要让自己变得安全，除了使自己权力更大外，就是需要有大批的人来辅佐。一个效忠的属下，就成了上司的“私人”，能让其位置更加稳固。

第二，能帮助上司完成工作。这里说的工作，并不是指办公室里的公事。公事对于每个人来说，都是必须完成的基本任务，而要让上司觉得你有价值，就必须做一些公事之外的事。每个上司都会有些私事需要人帮忙，一个真正的职场高手遇到这种机会的时候，是会加倍用心去做的。如果能做到这一点，你对于上司将是不可或缺的。

第三，忠诚且能独当一面。在职场上，并不是每个人都能做上司的亲信的，绝大部分人没有能力让上司特别信任，所以要让自己变得更有价值，就要在事业上多努力。如果你可以独当一面，如果你有足够的资源能促进公司发展，你就不愁没靠山了，也不怕靠山会倒塌了。

有些人遇到可以当靠山的上司，便会有归宿感，他们把上司看成亲人、老师和崇拜的对象，自己只要能一辈子在这上司手底下工作就心满意足了。但安逸是会害死人的。职场是利益交换的场所，而有利益的地方就是战场。在一个说不定哪天就会发生剧变的战场中，把自己的命运完全交给上司，是一件万分危险的事情。

做人必须居安思危，未雨绸缪。从上司照顾你的第一天开始，就要明白，迟早有一天，上司会离开你，从前的资源、从前的帮助都不会再有。因此，真正的职场高手会给自己留条后路，否则一条路走到黑，始终是危险的。多结善缘，多留后路，才是聪明人的做法。

出版社的陈老师是个工作十分卖命的女人。她向来公事公办，为人说话也十分刻薄，但是人品绝对没的说。因此，树敌肯定不少，但是工作成绩也有目共睹。

林晓跟陈老师三年了，与陈老师脾气相投，两人搭配起来也完美地完成了很多项目。毋庸置疑，林晓的职场生涯是很顺利的，在陈老师手下进步极快，从一个普通的编辑迅速成长为有很多想法的畅销书编辑。当然，她知道陈老师不可能照顾她一辈子，只能靠自己才永远吃得开。二编室的赵主任怎么做都没有陈老师的业绩好，陈老师也有事没事地挤对她，赵主任早就恨得牙根痒痒。

林晓作为陈老师的心腹，自然对赵主任也不是很恭敬。

当陈老师表示有退休打算的时候，有小道消息称二编室的赵主任将接管陈老师的这个编室。于是，林晓把自己在出版社三年积累的作者资源审视一遍，然后找到社长，申请自己新开一个编辑室。

陈老师面对林晓的“出走”十分不解。而赵主任为了打压即将退休的陈老师，十分支持林晓的做法。社长最终同意林晓的申请，她站在了新的起跑线上。

在职场中，谁都有可能抛弃自己，关键是我们不能抛弃自己，尤其是在非常不利于自己的情况下。关键时刻要冷静，要了解清楚自己站在哪个十字路口，确定自己想走哪一条路，然后自己努力把这条路走好。

5. 巧用大棒加胡萝卜政策

从领导者的角度来说，胡萝卜加大棒是一个非常好的管理模式。先给人胡萝卜：结合公司的发展规划为员工描述一个美好的明天，并告诉他们，这一切只有大家一起努力才能得到；尊重员工的意见，经常和员工谈谈心，给他以重视感；进行多方面培训，让员工学到更多的知识；多组织团队活动，让大家有集体荣誉感……

大棒自然不能少，人就是这么奇怪，没压力就没动力。你需要让员工清楚地知道公司的规章制度和职场潜规则，该做什么，不该做什么，并身体力行，自己先做表率。对于违反制度的员工，坚决按制度执行，决不手软。

另外，领导还可以用点小计策，从心理上俘获别人。在职场上不用怕有敌人，不用怕有人惦记你的利益，有时，你甚至可以表现得稍微“笨”一点，给别人一点猫儿腻的空间。然后，再想办法让跟你过不去的同事明白，如果不支持你，更凶残的上司过来，会让他们更凄惨。

蓉圆今年三十出头，职场漂泊七年多，正是心底很痒的时候，耐不住寂寞，终于下定决心，接受猎头的建议，告别工作了五年的公司，空降到一家新组建的化妆品公司。位置很高，堪称一个部门的二把手，她也很有最终随着一把手晋升自己、统领这个部门的上进心。

然而，她很快就发觉，一把手很友好，但是在权力序列上排第三、第四的那两个人很难搞。任何一个部门，都是有决策层和执行层的，作为执行负责人，蓉圆发现自己的许多策划案都被执行得有气无力，然而一旦追究发现，所有的流程都很合理。那种人为的阻碍确实能感到，但是没证据。

蓉圆很痛苦，因为被两个手下架空在那里。这两个下属级别与她差不多，却比她更早接触这个公司，是草创时期就加入的，只是从业履历没有她的漂亮。她是世界五百强出来的，而那两个人平平无奇。蓉圆后悔了，萌生退意。

不过，蓉圆被上司李姐拦住了。李姐的话让蓉圆很汗颜，也让她对世界多了一种认识。“我知道那两个人很难缠，我也知道，其实你并不适合这个位置，你太规矩了。不过，这也正是我希望你来做第二把手的原因。再等几天，我找的新的三把手到了，那是一个更加难搞的人。放心吧，到时就天下太平了。”

新的三把手是个仿佛身上带着奔雷的人，好斗，凶残，部门里的员工都对他很惧怕。原来的三、四号人物随着新三把手的到来降为四、五号人物，虽然他们的职务并没变。

蓉圆觉得自己很有可能就此被搞掉，然而，让她出乎意料的是，她的企划案开始得到更好的执行了。可以很明显地感受到，四、五号人物也对她友善了许多。蓉圆实在想不明白，就请教李姐。

“公司是斗兽场，如果全是你这样规矩的人，公司就没有内部竞争力。当然，如果有两三个四、五号那样的人连成一气，公司也会内乱。然而，如果在一个层级上想谋利益的人多了，反而就平衡了，内斗会变成拼业绩。三号是个明确想取代你的人，而四、五号如果帮助三号取代你，以后的日子很明显更不好过，所以还不如先帮着你。就是这样，公司不怕坏人多。”

蓉圆对于职场的领悟终于在斗争中上升了一个层次，同时，她也明白了自己在这里的价值，其实是代替一号成为靶子。

不仅是对下属，对于平级同事，大棒加胡萝卜政策也很有用。

比如，有件棘手的工作，你无法独立完成，怎么开口才能让那个在这方面最拿手的同事心甘情愿地助你一臂之力呢？送高帽，灌迷汤，而这些人为了维持自己在这方面的名声，通常会答应你的请求。

为了让自己在办公室的路走得更顺利，你需要分出去一些胡萝卜，让自己和同事的关系更加紧密，此时你需要付出真诚的关怀和贴心的服务。你往人脉存折中存放的感情越多，和他人之间的关系就更紧密，以后提取的时候也就更方便，遇到困难时提起大棒来要都可以。

没事请同事吃个饭，送点小礼物，这并非无事献殷勤，有了这一层关系在，以后遇到什么事请人帮忙，人家不会拒绝的。遇到和别人的竞争，还会有人过来拉偏架。

再往深里来说，中国人自古就有“吃人家的嘴软，拿人家的手短”的毛病，胡萝卜喂到对方嘴里了，用得着对方的时候，拒绝绝对比接受更困难。

很多时候，我们因为道德的束缚，放不下身段，不敢突破自我，害怕伤害别人，其实那就是一直在伤害自己。其实，成功的人都是那些敢于“下手”的人，胡萝卜送到嘴，大棒在背后伺候着，我赶你就得上架，关键是你怎么去说、去做。

对于你的领导也是，你给了他好处，让他在你身上尝到了甜头，哪怕你们是雇佣关系，他也会觉得欠你点儿什么，这个人情算是背上了——当然，我不是让你去走偏门抓领导的把柄威胁人家，那是找死。到以后你有需求的时候，你就有条件和领导谈判了，他也不好意思直接回绝。例如，你可以告诉领导，你希望自己的价值与业绩联系在一起，自己多做的工作，应与自己的职位、薪水等匹配，不增加报酬就不该让自己多做那么多，除非有其他补偿。我想，他一定会考虑的。

6. 办公室的“三从四得”

在古代，女人有“三从四德”，而现在职场也有“三从四得”！

三从：从本职工作出发、从领导的想法出发、从职场战略出发。

四得：语文了得、分析能力了得、逻辑了得、挨得。

说得挺有意思，也很在理。遵从这“三从四得”的人，在职场上几乎都混得比较开。

我们一条一条地说。

一从，从本职工作出发。

打江山首先得手里有枪，如果手上没枪就敢上战场，那肯定是被乱枪打死的下场。任何人想在办公室混下去，第一件武器就是把本职工作做好。如果一个人连本职工作都做不好，根本无法在办公室立足，更别谈什么升职和发展了。

本职工作无论多么平凡、烦琐，都应该做好，它是你展现才能的平台，从中可以看出你的能力大小以及发展的潜力，只有做好了本职工作，才有得到赏识和提拔的可能性。

二从：从领导的想法出发。

在做好本职工作的前提下，决定你职场命运的人是你的领导。他决定着你的薪水、你的工作业绩、你在这个单位的前途。从领导的想法出发，将领导的心思揣摩准确并做到位，你会得到实实在在的实惠。

做好了，领导高兴，顺手送你一程，你的事业就会一帆风顺。搞砸了，领导会忽略你这个人，你得费更大的力气去寻找第二次机会。如果惹得领导生气的话，也会送你一程——送你走人。

三从：从职场战略出发。

如果你只想老老实实地做好本职工作，熬资历升职的话，这一从可以不管。如果你在职场还有追求，就得好好研究研究这一条了。

简而言之，从职场战略出发就是给自己的职场生涯做一个规划，选一条路线，以便用比别人少的时间和精力，取得比别人更大的成就。

接下来说“四得”。

一得：语文了得。

这里的语文了得，说的是口头的语言表达能力和书面的写作能力要好。有良好的语言表达能力，说话靠谱动听，能让你与同事和谐相处，这样就不会有很多人暗算你。如果时常说得领导高兴，那你还会不高兴吗？

而书面的写作能力更重要，工作汇报、表格、计划、总结……需要你展示文字功底的时候很多，做得好，能给领导留下一个极好的印象，有好事自然少不了你的。

二得：分析能力了得。

都说职场险恶，迈一步是坑，退一步是雷，因此必须具备强大的分析能力。很多人，特别是领导，说的话都是话中有话，你得听得出弦外之音。别像个傻子似的只听出表面的意思，像下象棋一样，多想一着是不会错的。

三得：逻辑了得。

做好了前两得，就轮到了这一得。说话办事要逻辑清晰，别毛毛糙糙的不过大脑。说话有逻辑不会得罪人，文案有逻辑不会让人挑出错，分析有逻辑才想得清楚明白。

四得：挨得。

是的，要挨，再多的方法和捷径，都是挨得住才能发挥作用。无论是工作，还是搞关系，挨得住才可能得到自己想要的东西。可以有目标，但是不能急功急利；可以有措施，但是要做好两手打算。不能一遇到挫折就退缩，跌倒一次就站不起来了，这种挨不住的行为是懦弱的。

李兴通过公务员考试之后，被分到城市规划部门工作。

身边的人都为他高兴，一个表哥却给他泼了一盆冷水："单位看上去是个好单位，但这里面的水深着呢。别高兴得太早，自己多长几个心眼，做事待人都要多想想再做。"

表哥是个事业有成的人，李兴把他的话听进去了。李兴上班的第一天，就感觉到气氛不对，大家甚至连表面上的欢迎都没有，只是冷冷地看他一眼，就各忙各的去了。李兴想起以前表哥告诉他的办公室的"三从四得"，就写了下来，贴在自己办公桌上一个不显眼的位置。他把这个视作自己的职场圣经。

在日常工作中，不管同事怎么看他，对大伙儿有好处的事，他都会帮着做。出差回来也不忘给每个人都准备一份小礼物，当然更少不了领导的。说话秉承少说但一说就要说到点子上的原则，而且只说替人解决问题的话、不说给人出难题的话。另外，他的文字功底不错，案头工作做得非常漂亮。跟同事合作的工作，会在书面材料上把重点标注出来；跟领导汇报的时候，不写废话，以切实的数据和一目了然的图表来展示自己工作的成功，当然也不会忘了感谢领导的帮助。

在没事的时候，他喜欢观察领导和同事说话办事的细节，甚至连表情的变化他都会做一番猜测，然后采取一些贴心的举动。比如，一次领导训斥坐在自己对面的同事，同事耷拉着脑袋，而领导也不时地捂一下腮帮子。李兴飞快地帮同事重新做了一份方案，悄悄地用邮箱发了过去，然后抽空出去给领导买了一盒治牙疼的药。

年底评比，当领导提名李兴的时候，没有一个人投反对票。他原计划两年实现的目标，只用一年时间就实现了。

职场“三从四得”，寥寥几十个字，说起来容易，但是要做到可不容易。自身能力和做好本职工作是基本，表达沟通能力是更进一步的要求，而能做好战略、逻辑和分析方面，你就是精英了，还愁没有出头之日吗？

就算短时间之内没有实现自己设想的目标，也不要气馁，记住，最后一得是挨得住。在职场上，不怕锋芒毕露的人，不怕能力超强的人，怕的是锲而不舍的人。

7. 别让野心噎着了自己

如何正确对待野心才能既促成自己事业进步，又不伤害别人的利益？那就是保持适度。

为了做好事业，我们一定要怀有野心，对于未来要抱有良好的愿景。任何事，只要可能，都不妨尝试，这样才能更好地发展自己。假如这种野心是以挖别人墙脚为前提，那就不对了，要懂得控制，把这种野心控制在道德和法律允许的范围内。

不想当将军的士兵不是好士兵。的确，每一位职场中人都应该追求成功，但成功是建立在自身的才能和努力的基础上的，切不可因急功近利，而走旁门左道。

李明明和丁娟两个人在同一家公司工作，平时相处得很不错。

年终，公司搞策划评比，每个人都可以拿出方案参赛，优胜者有奖。李明明觉得这是一个好机会，经过半个月的深入调研，加上平时对市场的观察思考，做出了一个非常出色的策划案。

比赛进行的前一日，丁娟突然叹了一口气，说：“明明，我还真的有点紧张，心里没底啊。你帮我看看方案，提提意见。”李明明连想都没想就答应了。丁娟的策划很是一般，没有什么创意，李明明看完没好意思说什么。

丁娟盯着李明明，说："让我也看看你的方案吧。"李明明心里一阵懊悔，可自己刚才看了人家的，现在没有理由不让别人看。好在明天就要比赛了，她想改也来不及了。

第二天比赛，丁娟因为资历老先发言，丁娟讲述的方案跟李明明的方案一模一样。在讲解时，她对老板说："很遗憾，我现在只能讲述自己的口头方案。电脑染了病毒，文件被毁了，我会尽快整理出书面材料。"

李明明听得目瞪口呆，他没想到丁娟会抢自己的功劳，也不敢再把自己的方案交上去了，以免被人认为抄袭他人的方案。事后，李明明又是伤心，又是对公司失望，做事也打不起精神，没多久就离开了这家公司。

丁娟的方案获得了老板的认可，但因为方案不是自己的，有些细节不清楚，在执行时出了差错，又无法及时修正，结果自然是失败。

所以说，不是你的功劳，不要去抢。别人知道也好，不知道也好，抢别人的功劳总不是成功的捷径。

世上没有不透风的墙，一旦你抢别人功劳的事情真相大白，你将会无脸见人，不仅被抢者会成为你的敌人，你还会失去他人对你的尊重。只有自己亲手创造的才是自己的财富，别人的东西终归是别人的。

要学会对自己的野心加以引导，如果你的野心伤害到别人的利益，那你就不会受到别人的欢迎。只有开拓出一种双赢的模式，才能让自己的野心发展壮大，你才会成为英雄。

另外，野心要有，但也要适度，要切合实际。如果你的野心超过了自己的负荷，就会给自己造成严重的心理负担。当你的野心无法实现的时候，就会产生负面情绪，危害个人健康。所以，一定要控制、引导野心，别到头来野心未实现，反而害了自己。

第六章
职场不倒翁的自我提升技巧

1. 生于忧患，死于安乐
2. 领导也需要你的重视
3. 多做一点，还要让人看得见
4. 别做万金油，否则你只能补漏
5. 加班只有奖金，钻营才能提升
6. 做好细节，能成大事
7. 发现伯乐，贵人常伴
8. 给自己树立假想敌

1. 生于忧患，死于安乐

某知名网站曾做过一项“你的职场是否‘安乐死’”的专题调查，结果显示：高达九成的职场人，或多或少处于安乐状态，工作无精打采，没有激情。“不多做事情，不给自己找麻烦”“每天都不用见领导才好”，是大部分职场人的真实心态。

对工作能否保持长久、稳定的激情，直接影响到你的职场发展状况，从而影响你的人生。建议职场人要以积极的心态对待自己的工作，付出和回报总是成正比的。

三十三岁的艾丽从来没想到自己会主动辞职做全职妈妈，而这主动的行为中多少有些被迫无奈。

那天下午四点钟，家里保姆打来电话说，宝宝在玩耍时不小心磕破了腿，现正在医院看医生。艾丽一听，马上将手里的工作交给同事，并去领导办公室请假。

“如果孩子非常需要你的照顾，我建议你最好做一段时间全职妈妈，好好陪伴她。”上司的这番话看似温和，艾丽的脸却刷地红了。她知道这个月为孩子的事已经请过四次假了，上司说出这样的话实际上已经对她非常不满了。冲动中的艾丽口头辞职了，然后直奔医院。

其实，在十多年的职场生涯中，艾丽还是非常勤恳的。当初刚进公司，她只是后勤部门的一个小职员。那时候，她工作积极性很高，常常以公司为家，看到哪里有问题，哪些地方需要改进，都会及时和上司沟通，哪怕跟上司意见不一致，也会真诚地去探讨。两年后，由于表现突出，她被提升为小组主管。

随着时间的推移，艾丽觉得自己的工作热情渐渐消失，每天都是机械地做着同样的事情，不愿花心思多思考一些问题，上司交给的工作只是保质保量地完成。有时候，部门开会，上司给大家鼓劲，她心里也会掀起一阵波澜，想努力做一番事业，可随后，惰性又使她沉寂下来。在小组主管的位子上干了三年，没有任何提升，艾丽干脆回家生孩子去了。

休完产假后，艾丽内心更趋平静。她的顶头上司换了一次又一次，有时候甚至是她这个资深员工代表领导去初次面试她的直属上司，而她自己始终原地踏步。

“没关系，做好现在的事就可以了。公司福利不错，工作压力又小，能这样一直做下去也挺好的，何必在乎职位呢？”艾丽这样安慰自己。

没想到，这样“混”了几年之后，她竟被迫辞职，职场生涯彻底“安乐死”。艾丽心中有说不出的后悔，觉得不该在工作中过于放松自己，以致到现在只能回家带孩子，将来也不知怎么办。

虽然所有的人都想成功，但成功的人只是少数，成功属于选对方向而且永不言弃的人。而一个人的平庸，多半不是因为自身能力不够，而是因为安于现状、不思进取，在机械的生活中埋没了自己。

下面有五招，尝试一下，或许能给你的工作带来些许激情和一定的转机。

第一招，发现共同点。或许你现在从事的工作不是你喜欢的，觉得体现不了自己的价值，因而懈怠，没有动力和激情。但你要明白，在这个社会上，没有多少人是能从事自己喜欢的工作的，除非你成功了之后可以选择自己的职业。

所以，在干着自己不喜欢的工作的时候，你应该试着去发现它与你感兴趣的事情之间的共同点，让自己爱上这份工作。

第二招，调高自己的期望值。虽然说知足者常乐，但其实“知多知少难知足”更符合人类的本性。工作一段时间后，你对自己的工作驾轻就熟，比较容易满足于现状。虽然你知道这不是你想要的，但是因为缺乏详细的规划和明确的目标，还是或被动或主动地接受了现状。这时候你就需要适当调高自己的期望值，让自己有一个新的目标和新的追求。

第三招，随时挖掘潜能。有科学研究表明，很多人这一生只发挥了自己百分之八的潜力，剩余百分之九十二在沉睡。所以，要让自己时刻处在一种危机之中，不断地去开发自己的潜能，要永远都有更高的追求，这样离成功就不遥远了。

第四招，态度决定一切。一个人的职场前景好坏，很大程度上取决于自己的心态。只要有积极的心态，心情就会好起来，对待工作也就有活力和想法，无论周围的环境怎样，都影响不到你。

第五招：给自己施压。上面几招都不行的话，试试这招吧。想想你现在这职位，外面可是有不少人在虎视眈眈，身边也有不少人想取你而代之，这时候，我觉得你应该会有一些动力了吧？

2. 领导也需要你的重视

职场人争来争去，无非是争领导的重视，得到了领导的重视，前途才会一片光明。但是殊不知，领导也需要得到你的重视。让领导感觉到了你的重视，他才会重视你。

是的，不要怀疑，别以为高高在上的领导不需要下属的重视。领导也是凡人，也需要被重视的感觉，虽然他们更看重自己的领导和同级别同事的重视，但是下属的重视也是不可少的。

身在职场，永远要有这样的心理准备：如果上司突然交给你一个任务，并要你在短时间内完成，你必须有兵来将挡、水来土掩的能耐与决心，千万不可表现出不知所措的恐慌。你迅速做好了他交给你的事，说明你对他所交代的事情很重视，而这也就是对他这个人的认可。

千万记住，他把事情交给你是信任你的表现，因此你最好立刻放下手边的活，先做他让你做的事，这样能让他感觉到你的重视。比如，你正在跟别人通电话，领导找你，你应该当机立断向对方道歉并放下电话，听他指示。当然，如果通话的对方是公司的重要客户，你可以以字条或打手势的形式告诉老板，请他稍微等待。

对于领导的指导，哪怕是训斥，在铭记于心并纠正自己的错误后，一定要对领导表达你的感谢，让他感觉到你是真诚感谢。领导的指导你能听进去并且真心接受，在领导眼里就是认可他的威信。

不要认为老板训斥你是因为对你的工作不满意，他训你说明你还不错，值得训，他想挖掘你的潜力，提升你的能力，否则早就让你走人了。你不要觉得丢了面子，更不要去顶嘴，诚恳地接受批评并道歉才是正确的做法。否则，你不仅辜负了他的期望，还会给他留下不尊重领导的印象。

领导的一些小事，比如小病小痛什么的，一般人要么觉得不是事没必要关心，要么觉得有套近乎之嫌，这是大错特错！领导的生活更需要关心，而除了他的家人，下属是他生活中接触最多的人，你不关心谁关心，又有什么不好意思的？

领导每天要处理的事肯定比员工多而且复杂，在他遇到难题的时候，即便你不能替他排忧解难，也可以表达一下同情和理解，这会让他感觉到你对他的重视。在他的心里，你就会成为一个信得过的心腹人选。

胡小鹏是个很会来事儿的人。他对谁都一视同仁，不分男女，无论普通同事还是领导，他都拿人家当哥们儿。特别是他跟领导相处的方式，让所有人都摸不着头脑。

上午领导来上班，他打招呼说："石哥，昨晚没睡好啊，眼圈怎么黑黑的？"领导交给他一个任务，他说："石哥，我办事你放心，二十四小时之内一定弄好。"领导心情不好或者发火的时候，一般人都敬而远之，但是他会在公司内部通信软件上给领导传几个好笑的段子，甚至专门跑到领导办公室待半天，也不知道说了些什么。

有朋友私下给他提意见，说在办公室不要搞得更谁都很熟似的，特别是对领导，要保持一定的距离和敬畏心，别老管人家石总叫石哥，跟你家兄弟似的。别该说的不该说的都跟人聊，其实领导并不关心这些，反而因此对你反感。

胡小鹏说："我又不傻，我有分寸。再说了，领导也是人，谁规定了领导在单位就一定得板着个脸，谁规定了下属就不能跟领导闲聊？难道领导就不需要朋友聊天解闷？"

这天，胡小鹏被一件工作上的事给难住了，就去茶水间喝咖啡，刚好石总也进来抽烟。他顺手给领导倒了一杯咖啡，说："石哥，给你来根烟吧。看你愁眉苦脸的，是不是哪个小子又把事情办砸了？交给我，我帮你搞定！"

领导叹气摇头。胡小鹏说："其实我也猜到了，看你的黑眼圈，肯定昨天没睡好，是嫂子的事吧？"

原来领导遭遇家庭危机，严重影响工作的心情。胡小鹏给领导把烟点上，就滔滔不绝地开解他，给领导分析事情可能的原因以及该如何解决。

说到最后，领导一直紧皱的眉头终于舒展开了。胡小鹏掏出一张名片递给他："这家店的点心不错，石哥你下班后去买点儿带给嫂子，保证你明天上班没有黑眼圈。"

第二天，石总喜笑颜开地来上班，还给小胡发了封邮件："下班后我请你吃饭。"

在包厢里，领导跟胡小鹏说："你小子还真有两下子，挺了解女人的嘛。"

胡小鹏说："不练就一身本事，我伺候不了我家那婆娘啊！"

石总哈哈大笑，说："我要被调去总公司了，打算带你过去做我的助理，去不去？"

是的，领导跟所有人一样，也是凡人，也有生活的烦恼、工作的困惑，有的时候他们的处境甚至比普通职员还要复杂和难堪。这时，员工表现出来的理解和关心会让他们感受到很大的鼓舞和安慰。

在酒桌上提醒领导少饮酒、注意身体，甚至帮他挡酒；领导咳嗽了，小声地关心两句；领导愁眉不解的时候，试探着询问一下；领导忘了东西，给送一下……很多的小细节，身在职场的你都应该注意到，这些细节正是你重视领导的表现机会。

领导的事大家都会关注，想表达关心却不敢行动，这样是不行的。关心别人始终是没错的，要时时把领导的事情装在心里，工作之外也要让领导感觉到你对其生活的重视，这样的员工领导不可能不喜欢，也绝对不会亏待。

当然，和领导聊天的时候，我并不建议你毫无保留地随便说。领导并不是适合谈论私事的人，当他询问你的私事时，应该遵循“别人知道的让他知道也无妨”的原则，并避免牵涉金钱上的往来或者男女之间的情感。

说到这儿已经说得很清楚了。普通员工需要被重视，领导也是如此。让领导感觉到你的重视，既可以表现出你对他的尊重，也能让对方感觉到你对他的忠诚，对你是有百利而无一害的。

做到这一点，你就能在他心里留下很好的印象，以后有什么机会，他第一个想起的就是你。

3. 多做一点，还要让人看得见

美国人力资源管理专家科尔曼说过："职员能否得到提升，很大程度上不在于是否努力，而在于老板对你的赏识程度。"可见，得到他人的欣赏有时候比能力更重要，而你要得到他人的赏识，必须给他人一个赏识你的理由。那么，如何让别人赏识你呢？第一步是做好自我宣传，提高自己的曝光率，让人对你有印象。

从某种程度上说，别人记住了你，就等于选择了你。领导忙于自己的事情和工作，对我们所做的事、取得的成绩根本没有可能进行全方位的关注。我们不应该假设领导知道或者注意到了自己取得的成果，因此要做自我宣传，主动告诉他们。

宣传很重要。就像我们买某种商品一样，对于一些同类产品，在无法对比其功能强弱的时候，我们都会注重其包装，看包装本身的质量如何，上面的图案是否清晰，是哪个名人代言的等。伪劣产品常常在包装上也比不过名牌产品；大牌厂家生产的产品在包装上常常也优于小厂家生产的产品。通过这些简单的辨别，就可以决定选择哪个商品。

没有多少职场人甘心一直是默默无闻的，薪水、职位对于职场人来说很重要。要想快速提高自己的待遇或者升职，就一定要注意自我包装和宣传，自己做的成果和成绩一定要在领导面前展现出来，这样他才会注意到你，你才有升职和加薪的机会。

自我宣传在职场是第一生产力！有几个方法大家不妨试试。

第一招，首先肯定自己。

自我宣传、提高知名度的第一步其实很简单，就是肯定自己。每天一定要注意提醒自己四件事：我的职位、负责的任务、眼前进行的工作中积极的一面、我能做到更多。对自己有了清晰的定位和评价，对自己所做的工作有了足够的信心，才不会惧怕将其表达出来并展现给别人。自己要先有这份自我肯定并展现出来，才能让别人感受到你的能力和自信。

第二招，利用好非办公位置。

在办公室里并不是只有你的办公位置才是展现自己的地方，吃午餐的圆桌、茶水间、咖啡机旁边等，只要是有人的地方，就是展示自己、让大家认识你的地方。在办公室里不要整天坐在自己的办公桌前，要不时地起来走动，跟人打个招呼。吃饭时不要在自己的办公桌上解决，要跟大家凑在一起以拉近彼此的关系。在卫生间的时候也能随便地聊几句，还可以借着上下班在电梯里的机会，在同事或者领导面前表现一下自己。

第三招，让成绩给自己代言。

不要以为达成了领导要求的数字就圆满了，数据自己不会说话。对于有光鲜数据的同事，人们都想从其身上学习成功的方法，看看人家是如何克服障碍、取得业绩的。所以，不要只是报告你的工作成果，借这个机会和大家分享一下你的成功经验，所有人都会围拢到你的身边，远处的领导也不会看不到。

第四招，利用公开的社交场合认识重要人物。

重要人物通常都很忙，不忙的时候也很少和普通的职员有交集，所以一般很难有机会当面跟他们聊天。不过，一些公开的社交场合，例如公司的年会，可是自我推销的大好时机。所以，找准机会，想好措辞，从容地走过去吧。

伯乐相马的故事告诉了我们伯乐的重要性，但正如韩愈在《马说》中所说的："千里马常有，而伯乐不常有。"既然世上伯乐稀少，那么，千里马们为何不来个毛遂自荐呢？

4. 别做万金油，否则你只能补漏

他们随叫随到，工作配合度高，助人比求人多，同时又非常在意别人的看法。他们多为职场新人，做些琐碎或简单的工作，作用小小的，虽不可或缺，却很容易被忽略甚至被遗忘。他们被称为“职场万金油”，堪称办公室最苦的一群人。

“万金油”，顾名思义，放哪儿都能用得上，但是在哪儿都派不上大用场。这样的人在办公室里比比皆是，也许你或者你的同事，在不经意中就成了万金油。这群人经常会出现这样的症状：

很多东西都会，但是都只会一点儿；

什么事都能做，但是什么事都做不深；

领导交代的任务都能完成，但要让其独立做一个项目，又傻了眼；

想跳槽，可不知道自己究竟能够往哪里跳。

这些人不可谓不努力，不可谓不好，但是他们永远得不到认可。

职场万金油主要是以下几类人：

1. 教育背景专业性不强的人，比如学英语、中文专业的人。面对着什么行业都能进的专业，往往他们的第一份工作就在第一个肯录用他的企业，然后就懵懵懂懂地开始了。

2. 拒绝从事与所学专业相关的工作的人。他们不知道自己想要什么，也不知道自己不想要什么，更不知道自己究竟应该干什么，究竟能干什么。对他们来说，找工作就是碰运气。

3. 职能不清晰，工作内容较杂乱的职场新人。

4. 经常跨行业、跨职业跳槽的人。这类人没有时间在某个行业或职业形成足够的竞争力，所以到哪儿都只能是配角和添头。

5. 学历相对偏低的人。这使得他们往往只能从最初级的、内容杂乱的工作做起。

可见，之所以成为职场万金油，除去专业、学历等原因外，更多的是本身职业发展方向不清晰造成的。

在职场中，和大家处好关系、稍微勤快一点是应该的，不过要把握好分寸，不要总是让别人使唤着做事情，要有自己的考虑和计划，做好自己分内的事是最重要的。

过度地舍我助人，很容易让别人养成使唤你的习惯，长期下去会导致他人忽视你的感受、你的要求，认为你这样做是应该的。职场新人要认识到，同事并不等于朋友，有时候保持适当的距离反而更好。

在职场中为他人提供便利的目的很明确：一是为自己拥有良好的人际关系打基础，二是为学习他人的经验。我们的目的不是当老好人，因此要鼓出勇气，对一些事情说“不”。

老板通常会重用三类人：第一类是管理人才。这些人有手段，拉得下脸教训人，万金油族大多不具备这样的性格，所以不可能进入这一队伍。第二类是技术骨干。他们对公司至关重要，相当于旧时代作坊的大师傅。万金油族大多达不到这样出类拔萃的地步，所以也不可能向这个方向发展。第三类是关系户。他们的亲戚或在要害部门任职，或是大客户的亲友，即使他们不干活，天天喝茶看报，贡献也比万金油大。

你是万金油，只能说明你还不够重要，而且被替代的可能性也很大。因为老板觉得“顺手”的，大多是些例行事务，无论顺手到什么程度，都和“重要”挨不上边，所以还是向“创可贴”努力吧。

创可贴与万金油的区别在于，它是为解决问题或伤痛而存在的，哪里出问题了，让老板有切肤之痛了，创可贴就有了用武之地。而且为了防止类似的问题再次发生，这个创可贴就得牢牢地贴在那里，老板即使觉得不顺手也没办法——如果揭下来，那里就要流血。

现在社会分工越来越明确，岗位划分越来越细，一个人很难成为什么都懂的全才，如果在各方面都有所涉猎，难免会缺乏深度。而没有在一个岗位的多年积累，是无法有好的发展的。因此职业顾问建议，应该先做“专才”，再往“全才”发展。

5. 加班只有奖金，钻营才能提升

“钻营”历来就贴有“不光彩”的标签，成为小人物走上层路线获得利益的专用名词。这确实与中国人讲究的踏实、清高格格不入，自然很多人对那些善于钻营的人颇有意见。但是，就这么一棍子打翻一船人，也不太对。

钻营之道并不是见不得人的，如果利己而不损人，何乐而不为呢？如果通过钻营使自己得到提拔，使自己的才能得到更充分的发挥，从而带领团队把工作做得更好，给公司带来更大的利益，又有什么不高尚、不道德的呢？

那么，如何钻营呢？

领导的需求有组织需求和个人需求两种。满足个人需求会让领导感到爽，但并不能达到钻营的目的。领导毕竟是领导，一般不会只图近利而失去长远的利益，不会因小失大。所以，钻营的时候，要尽量兼顾领导的组织需求和个人需求。

一般来说，都是领导要你做什么你就做什么，这样不够，你要转变为在领导还没有想到的时候就主动去做。只要你做的事情有利于领导职位的稳定和业绩需要，有利于领导的晋升和面子上的光彩，有利于减轻领导的压力……你都可以去做。另外，有的事情虽然是领导要求你做的，但你看到日后可能会对他的利益造成伤害，那你就要在恰当的时机用合适的方式向他点明。

领导层也会有矛盾和分歧，需要调解的时候，他们也会寻找一个恰当的中间人。如果你能很好地协调好领导层之间的关系，那这个人就是你了。这意味着在新人中，你可能是被提拔的最佳人选，你就可能获得更高的发展平台和更广阔的发展空间。

康师傅进公司很久了，按照公司现在的人员配置，他都算得上是老康了。他在公司里兢兢业业，业绩也还不错，虽不是最好的，但也算中上，可就是不太受老板待见。在公司这些年，除了按规章制度达到一定的年限加了两次薪之外，就再无其他提升。

眼看着一个个比他后来的新人飞快地蹿到自己前面，他有些迷茫了，虽然思考多日，但是始终不得其解。这时候，老婆的一句话点醒了他："那些人跟你比工作能力咋样？跟你差不多，或者比你还差吧？那么他们除了工作，你看见他们还干了啥？"

听到这儿，老康如梦方醒，对了，那些人平时没少跑老板办公室，虽然不知道干了些什么，而自己这几年好像除了逼不得已的事情汇报，很少跟老板单独相处。

"跟老板搞关系，这合适吗？同事会怎么看？老板会怎么想我？"老康还是有些疑问。

"你管同事怎么看呢！他们蹿到你前面了，你怎么看？不试试，你怎么知道老板怎么想？你怎么就知道他不喜欢这样？喜不喜欢还不是看你怎么做？"老婆一连串的反问让老康没话说了，他决定一试。

他发现老板订了几份报纸，其中有一份跟自己每天上班在公交上看的是一样的。平时前台会把报纸送过去，但有时候前台来晚了或者忙忘了，老板到了时间就会自己出来拿。于是，老康有主意了。

老康每天上班之后，见老板来了，就去前台领了报纸送到老板的办公室，还会就报纸上的一些新闻话题跟老板聊几句。有时候，老板还会主动问他对某件事怎么看，老康自抒己见，老板也颇为认同。

有一次老板办公室来了客人，老康进去送文件的时候，发现两人因为对一个新闻事件的看法不同而在辩论。老康见状，放下文件后就插了几句嘴，当然观点是偏向老板的，理由比较充分，客人也表示认同。说完老康就离开了，他看见老板微微地点了下头。

作为下属，你要懂得什么时候应该替上级解围。关键时刻的一次小小出手，胜过你埋头苦干很久。比如领导不善饮，那么在宴席上领导被疯狂劝酒的时候，你的出手就能换来你怎么工作都得不到的赞赏。就像象棋中的帅、士、相，当帅被将军的时候，士要斜刺里杀出来护驾，相要飞起来退敌—— 一盘棋里这几个没有什么攻击性的子，往往都是陪伴帅活到最后的。你需要起到士、相的作用，这不光是在宴席上，在其他的一些公开场合，也是同样的道理。

许多人总是埋怨领导不喜欢、不器重自己，不提拔自己，但是这些人有没有想过自己又为上级做过什么，自己在工作上又有什么突出表现呢？你不表现，上级怎么可能喜欢、器重你呢？同时，现在的一些企业老总也在抱怨：手下的人太笨，干活不好使，又不懂事！其实就是他的下属们不够善解“上”意。所以，如果你想在职场发展顺利，就好好地钻营钻营吧。

6. 做好细节，能成大事

职场上重大的事情固然要拿出十分的精神来应对，一些小的细节也是绝对不可忽视的。英文中有句老话说“恶魔藏在细节里”。就是指细节往往容易被忽视，从而功亏一篑。聪明的上班族可千万别小看各式各样的细节，因为你不管它，它就会来管你！

细节决定成败，在职场中的表现就是职业习惯。无怪乎人们常说：播种行为，收获习惯；播种习惯，收获性格；播种性格，收获命运。一个好的职业习惯，能让你拥有更快成长的强大力量。

工作中没有小事，只有认真对待自己所做一切，才能克服万难，取得成功。

把手表、手机、电脑、挂钟等身边一切计时器的时间往前调五分钟，你会发现，早上上班不再顶着一头乱发气急败坏地冲向打卡机，再也不会出现拉开会议室的门却发现领导已经端坐在里面等你的尴尬，去拜访客户再也不用一边赶路一边整理领带或者补妆……一天依然是二十四小时，工作量不变，但你会发现因为这五分钟，自己从容、自信了很多，表现更加出色。

《论语》说“吾日三省吾身”，这一人生大智慧在职场中同样适用。清晨赖床的时候，想想昨天的失误、今天的要事；午餐后，找个安静的角落闭目养神，想想今天工作中碰到的难题和难缠的客户，检查一下自己的问题出在哪里；晚上睡觉前，提前几分钟关掉电视，总结一下今天的收获，问问自己是不是还可以做得更好。每天给自己一点反省的时间，就是在一点点修炼，坚持下来你会有很大的进步。这也是注重细节的一个方面。

职场中，我们每天都在沟通。无论什么规模的沟通，我都喜欢用第一、第二、第三这样的话让自己的意思逻辑清晰；在听完对方的话之后，习惯于简要地复述一遍。这样的沟通非常清晰和有效，还表达了对他人的尊重。

总是以一副好战分子的姿态示人，想必也不会得到多少鲜花和笑脸。职场不是角斗场，团队合作创造的价值肯定比单打独斗创造的价值更大。与人沟通，养成用“我们”开头的习惯，多用“请”“谢谢”，你会发现自己能更好地理解他人，沟通、合作也比以前顺畅得多。原因很简单：你如何对待他人，他人也将如何对待你，感恩之心必定会带来人际关系的良性循环。

办公室里，走廊里，经常会遇到一些陌生的面孔，可能是来拜访的客人，也可能是其他部门的同事，甚至有可能是领导的家属。遇到之后，你是面无表情地飘过，还是点头微笑，会给对方留下完全不同的印象，也会影响到对方对公司的评价。形成一个喜欢微笑的好习惯吧，既温暖了他人，也会温暖自己。

上班到得早，帮领导和同事打打水、拖拖地；坐电梯，主动问问别人到哪一层并帮助按下按钮；吃饭时，主动帮同桌添点茶水；出去玩，帮年纪大的同事拎拎包……大家都会夸你勤快、懂礼貌，领导出差也喜欢带着你。一个细节，让你轻松赢得同事和领导的喜爱。

王俊在单位里只是个默默无闻的小角色，他的工作表现不算特别优秀，学历、资历更没有突出之处，每天只是在办公室的角落里工作，几乎是一个职场透明人。

单位每年会组织一次旅行，下了飞机，所有员工都叽叽喳喳地聊着自己的想法和计划，只有王俊一个人注意到即将退休的老领导李老师很吃力地拖着旅行箱。于是，王俊走上前去帮李老师拉旅行箱，一路照顾到宾馆。

所有人都没有想到李老师退休后会被返聘，并担任要职。李老师回单位后的第一件事，就是将王俊调到自己身边做了办公室主任。

其实，职场内的气氛真的是一种很玄的东西，只可意会不可言传，但搞懂了它，你就会活得很好。职场新人要注重观察，从小细节就可以看出公司的大问题。比如公司的日光灯坏了，三天了都没有人修，这时你就要警觉了，是哪边出了问题？如果有公文随便看、文件随便签的情况，那就是告诉你，该换工作了！

7. 发现伯乐，贵人常伴

前面说过，在职场上争来争去，无非是争领导的重视。其实，这还可以换一种说法，就是找一个能帮助自己的贵人——贵人不只是领导。

千里马常有，而伯乐不常有。人在职场，跟你挤独木桥的人很多，有意无意中你会树立很多“敌人”，这其实是下策。高明的做法是充分利用一切资源，找到自己的伯乐。不能一直让伯乐老找马，身为千里马的你，需要主动去找伯乐。伯乐就是你的贵人！

如果有一个人赏识你，愿意帮助你，他肯定是你的贵人。不同的贵人，帮你的出发点不同。有人确实是真的爱才惜才，但是一般而言，贵人出手多少都带有一些私心，所以首先你得是千里马，他才会是你的伯乐。你得值得他帮，他才有可能帮你。这就要求你在平时的工作中把活干好，表现出较强的能力和值得信任的品质。

如果你正打算寻找一名贵人，以下几点是必须记住的。

第一，选一个你真正景仰的人，而不是看谁有权。

一定不要只是因为别人有权力而想抱他的大腿。权力是在不同的人之间流动的，谁有权就去抱谁的大腿，那是抱不住的。人脉的培养可不是短线投资，也是需要投入时间和精力的，肯付出，才有机会让贵人看见你，急功近利往往会让你错失结识真贵人的机会。

另外，要摸清别人帮助你的动机，这有助于分辨他是不是你真正的贵人。比如，有些老板喜欢找员工当小弟，为自己做牛做马，借此彰显自己的身份，这种人可不是你的贵人。

第二，与人交往要真诚，要懂得付出。

有人曾经说过："人际关系的发展有三个阶段：发掘人脉、经营交情、出现贵人。"总结得非常到位。要想有贵人出现，不仅需要掌握一些人际交往的技巧，还要懂得付出，以此打动对方。贵人可能是你的上司，也可能是平级同事，甚至是你的下属。因此，绝对不要小看你身边的人，和人相处不要太功利，让大家喜欢你是吸引贵人的第一步。

第三，把本职工作做到最好。

很多机会其实就潜藏在你身边，千万不要好高骛远，眼高手低一定会错过贵人的赏识。如果你在自己的专业方面足够优秀，本职工作做得近乎完美，何愁没有贵人青睐呢？

第四，先问自己能为别人做什么。

任何一段靠谱的人际关系都不是从索求开始的。在想从别人那里得到什么之前，一定要先问问自己能为别人做什么。

第五，不要被自己的身份困住。

即便你很平凡、很普通，在那些成功人士面前也不要妄自菲薄。你要保持自己的本色，不卑不亢，把自信写在脸上，积极主动地出击。贵人选人不是选美，也许你的真实及独特个性更能吸引贵人的目光呢！

第六，积极参加各种活动拓展人脉。

业余时间别总是窝在家里，至少要参加一些与工作相关的活动，这是结识贵人的好机会。即便是与职业无关的活动，也有可能让你结识贵人。他人无意中说的一句话，不经意间做的一件事，让你有所领悟，那他就是你的贵人！

下面，我们说说怎么去辨别一个人是不是你的贵人。

贵人可以分为好几种。首先是积极型贵人。比如，一位好的领导，他会指导你、教育你，激发你的潜能，甚至改变你的人生态度。与之相对应的，是消极型贵人。你本身已经做得很好了，只是有一些外在的阻碍，比如暂时缺乏工作灵感、某个单子难以搞定一个关键人物等，这时候贵人会帮你排除外在的阻碍，助你成功。

还有一种打击型贵人。贵人不见得就一定是帮助你、鼓励你的人，那些打击你的人，也可能让你学到很多东西。良药苦口，忠言逆耳，他们的直言也许能让你在逆境中发现转机。

最后，不要忘了，自己也可以是自己的伯乐。

美国著名企业家雪尔登·包乐斯说过："在工作中，不管是上司、同事还是朋友，都是非常重要的财富。"的确，没有人会随随便便成功，他们一定有自己的过人之处，有值得自己学习的地方。对于职场人来说，博采众长才能提升自己，让自己更具竞争力。

上司的处世经验，我们可以学习；

同事的办公窍门，我们可以借鉴；

朋友的有利资源，我们也可以利用。

学习借鉴他人的长处，增强自己的实力，你可以做自己的贵人。这，也是一条职场成功之路。

8. 给自己树立假想敌

加拿大有一位享有盛名的长跑教练，由于在很短的时间内培养出了好几名长跑冠军，很多人都向他探询训练的秘密。谁也没有想到，他成功的秘密仅在于一个神奇的陪练，而这个陪练不是人，是凶猛的狼。

因为这位教练训练的是长跑队员，所以他一直要求队员们从家里出发时一定不要借助任何交通工具，必须自己一路跑来，作为每天训练的第一课。有一个队员每天都是最后一个到，而他的家并不是最远的。教练甚至想告诉他改行去干别的，不要在这里浪费时间了。

突然有一天，这个队员竟然比其他人早到了二十分钟。教练在知道了他离家的时间后算了一下，惊奇地发现，这个队员今天的速度几乎可以打破世界纪录。

原来，在离家不久经过一段五公里的野地时，他遇到了一只野狼。那野狼在后面拼命地追他，他在前面拼命地跑，最后那只野狼竟被他甩掉了。

教练明白了，今天这个队员超常发挥是因为一只野狼，他有了一个可怕的敌人，这个敌人使他把自己所有的潜能都发挥出来了。从此，这位教练聘请了一个驯兽师，并找来几只狼，每当训练的时候，便把狼放开。没过多长时间，队员的成绩都有了大幅度提高。

这告诉我们，在职场上有必要为自己树立一个“假想敌”，让“敌人”赶着自己跑。即使你已经取得了一定的成绩，也有必要把同级同事当成自己的“敌人”，无论做任何事，都要和同事比一比，以证明自己的能力，提醒自己不能因为取得了成绩就可以不再努力。

在职场中，你的假想敌应是与你平级的同事，他与你怀着一样的目标，有着一样的理想，而且你们在社会经验、学历水平、专业能力等方面都有相似性，所担负的责任与职位也很相似，所以你有可能超越他，获得晋升。但是，超越竞争对手不是一件容易的事，他哪一方面都不见得比你差，因此唯有不断地向他学习，汲取假想敌成功的经验，借鉴他失败的教训，取人之长，补己之短，才能提高自己的综合竞争力，最终超越假想敌。

身在职场，如果骄傲自大，看不到假想敌的优势，拒绝学习先进的工作方法，将阻碍自己的发展，更无法获得晋升。如果你拒绝向假想敌学习，在一定程度上就等于拒绝接受新观念、新经验，就会使自己缺乏创造性，缺少适应能力，就不能适应日益变化的社会和工作，那么等待你的只有工作的失败，甚至被公司淘汰。

一个人如果没有假想敌，就会产生惰性，甘于平庸。时时刻刻处于假想敌的包围之中其实是一种前进的动力，假想敌带来的巨大压力促使你不断努力，不断学习充电。假想敌越强，你的压力就越大，动力就越大，学习的积极性就会提高，只要你合理排遣压力、提升动力，就会赢得成功。

每个人都有自己的长处，假想敌之所以能成为你的假想敌，就在于他对你有一定的威胁。也正因为他们有着不一般的能力，从他们身上，你可以获得三个方面的信息：一是对方的优势，二是对方的劣势，三是自己的劣势。

你要做的是学习他们的优势和能力，并使之转化为自己的优势和能力，而不是看不到自己的缺陷，一味攻击他们的短处，这是最不明智的做法，只会让自己吃亏。我们要时刻记着：假想敌不是挡在你前进道路上的一堵墙，非要推翻他才能前进。你的对手是一面镜子，可以使你从对方身上看清自己的优缺点，从而明确自己要规避的问题、要学习的长处、要超越的目标。这面镜子让你清醒地认识自己和别人，激发你不断向成功进军。一个不懂得向假想敌学习的人，不能正确地评价自我，没有自知之明，必然无法改正缺点，发挥优势，获得晋升。如果你想成功，就要积极善待身边的“镜子”，让他们时刻提醒你看清缺点，改正不足，时刻激励你不断进步。

一个不乐于向竞争对手学习的人，一个不知道该向假想敌学习什么的人，不会有多好的工作能力和胆识，在职场中永远是最底层的员工，随时面临被替代的危险。而每打败一个“假想敌”，自己就会前进一步。也许我们不会超越所有人，但只要锁定假想敌，逐个超越，把对手变成自己前进路上的台阶，终将取得最后的胜利。

超越假想敌，这是我们向假想敌学习的根本目的。

你在前进，假想敌也在进步。面对假想敌一日千里的进步，不要自卑和灰心，不要退缩和犹豫，不要认为自己失去了竞争的能力。能成为你的假想敌，就说明他和你旗鼓相当，或者比你强，所以，他们取得进步是理所当然的，不要因此失意气馁。假想敌的成功在另一方面也证明了你的出色，因为不在一个水平线上的两个人是永远不会成为对手的。

有竞争就会有输赢，每个人都会有因失败而沮丧的时刻，关键是调整好自己的心态。只要你怀着积极进取之心，找到与假想敌之间的差距，找到向对方学习的重点，抓住假想敌最关键的成功因素，奋起直追，就会超过假想敌。学习永远不晚，保持积极乐观的态度，有一种不服输的精神，你就有战胜对手的希望和可能。

第七章
盘外招：人缘好才能左右逢源

1. 记得要随时给人留个好印象
2. 舍不得孩子套不住狼的经典
3. 场面话是门学问
4. 与其“露一手”，不如“留几手”
5. 酒桌上能解决很多问题
6. 该送礼时要送礼
7. 急人所急，会有惊喜找上你
8. 永远要给自己留条后路

1. 记得要随时给人留个好印象

有研究表明，第一印象很难改变。如果刚入职的时候就给人留下不好的第一印象，以后就算再努力也很难改变别人对你的看法。所以，从一开始就要在新工作中给人留下好印象！

遗憾的是，我们常常听到不少人抱怨对怎样处理好职场中的人际关系感到棘手。其实，只要我们为人正直，做人用心，做事努力，就能够给同事留下好印象，做个讨人喜欢的人并不是很难的事。

这里有几招，或许能帮你给人留下好印象。

第一招，抛却过去，轻装上阵。

在结束上一份工作和开始新工作之间给自己多留出一些时间来，以便调整好态度迎接新的工作。如果没有更多的时间，你只有一个周末，那就试着尽量在这个周末让自己放松下来，从上一份工作的压力中解脱出来。毫无负担地重新开始是在新工作中获得成功的唯一途径，你越是轻装上阵，就越能把事情做好。

第二招，带好必要的文件材料。

报到时，记得要多带一些简历。虽然人事专员那里会有你的简历，不过，很多时候，你的直接主管或部门经理也会问你要一份简历来存档的。

第三招，早到晚走。

入职第一天要早到晚走，这么做会让你在开始工作之前，有更多的时间来适应新环境。你也可以观察办公室里的人都是如何工作的：大家是不是都是早到晚走的？公司对于着装的要求是不是人人都遵守？办公的氛围是不是轻松愉快？同事们是不是一到办公室就开始工作？

第四招，做好准备工作。

刚开始的几天最重要的事不是工作，而是为今后的工作做准备。你要建立一个工作用的邮件账户，还要学习各种事务的操作流程，从中你会了解到公司的各种规章制度。注意观察每一项工作任务是如何下达分配的，同事之间的工作和交流是什么样的风格。如果你还不清楚工作的流程，要提出来，在你刚入职的时候，有问题是正常的，大家都会理解。

第五招，勤记笔记。

如果你学习了很多不熟悉的工作流程，那么一定要记笔记，或者把那些指导性强的文件存放在你能很方便找到的地方，以备随时查看。

第六招，第一时间沟通交流。

第一时间和你的直接领导沟通，了解他对你的工作期望。你必须从一开始就和领导、同事步伐一致，所以你要弄清楚整个团队需要你做什么，你的职位又需要你如何去配合整个团队的工作。当你还是一个新人的时候，一定要有弹性，要做到能屈能伸。

第七招，熟悉部门职能和同事。

主动去了解部门的职能和各位同事。如果有好几个人跟你做同样的工作，那么午饭的时候跟他们一起去吧，你和团队里的人相处得越好，就越容易得到他们的指教，也就能更好地理解你的工作职责。和同事相处融洽，也有利于你更高效地完成工作。

第八招，做好时间管理。

刚入职的那几周你肯定需要处理大量信息，因此安排好时间，严格按照计划行事至关重要。时间管理做得越好，就越能处理好各种工作。

在工作中，每个人考虑问题的角度和处理问题的方式肯定不同，也就难免对领导做出的一些决定有看法、有意见，甚至牢骚满腹。记住，切不可到处宣泄，否则传来传去就会变味，待领导听到了，便成了让他生气和难堪的话了，难免会对你产生不好的看法。如果你经常这样，你就是工作再努力、成绩再好，也会给领导留下不好的印象，很难得到领导的赏识。

韩庭在一家日化公司里做品牌经理，与同公司另一品牌经理红姐是竞争高级品牌经理的对手。他们的能力差不多，每个季度两个品牌的销售业绩都是旗鼓相当。

红姐在公司是老资格的员工，论资历，韩庭并不能跟红姐比，而且红姐与公司高层的关系也十分亲近。但是红姐对下属相处采取铁腕政策，每个下属都十分惧怕她。韩庭则不一样，对每个人都热情周到，与下属共同进退。他去买咖啡的时候会给部门同事带一份，别的部门的同事工作上遇到困难的时候，他也会悄悄地帮忙，遇到平时大家都不大理会的清洁阿姨也会笑盈盈地打个招呼。自然，公司里很多人都很喜欢这个小伙。

公司高层本来想提拔红姐做高级品牌经理，后来发现韩庭虽然做事不如红姐有经验，但他在公司更得民心，出现问题时，韩庭的团队能共同进退，于是韩庭成为新一任的高级品牌经理。

如果我们从事的是单调乏味或较为艰苦的工作，千万不要让自己变得灰心丧气，更不可与同事在一起唉声叹气，而要保持乐观的心态，让自己变得幽默起来。乐观和幽默可以消除彼此之间的敌意，更能营造一种融洽的人际氛围，有助于消除工作中的疲劳，那么，在大家眼里，你就会变得可爱，大家就会和你走得近。

当然，给人留下好印象这种事，我们要注意把握分寸，要分清场合，否则可能适得其反。

2. 舍不得孩子套不住狼的经典

天下没有免费的午餐，任何获得都是有成本的，都需要付出代价，这是千真万确的真理。《东周列国志》记载的吴越之间的历史故事，很能说明问题。

吴王夫差大败越国之后，越王勾践成了他的奴仆，他以为吴国可以争霸天下了。

后来越王归国，励精图治，决心战胜吴王。但在周敬王三十六年（公元前484年）吴王出兵伐齐时，他派兵支持吴王在艾陵打败齐军，还亲自去吴国致贺，并带着许多宝物贿赂吴国君臣。吴国君臣个个喜气洋洋。

周敬王三十八年（公元前482年），吴王夫差与晋定公在黄池（今河南封丘西南）会盟，争夺霸主。越王乘机攻吴，大败吴军。

从这个历史故事中我们不难明白，所谓“予”与“取”，“取”是最终的目的，“予”只不过是达成目的的一种手段，“予”就是为了“取”。一切的“予”都是以“取”为前提的，都要看是否有利可图。换一种说法，在条件还不具备的时候，要想夺取或保存某种东西，可以暂时交出或放弃它，一旦时机成熟，再把它夺回来。

《甄嬛传》前段时间很火，不仅仅是因为故事吸引人，能让大姑娘、小媳妇以及阿姨们对过去后宫的生活产生幻想，也因为甄嬛从小小的常在一路摸爬滚打爬到皇太后的位置，让人不禁联想到现在的职场。

要想得到“皇上”的赏识，不下一番功夫怎么行？

“舍不得孩子套不住狼”是一种处世哲学，一个成功的职场人肯定懂得，只有先付出、先给予，才能收获成功。

给予就会被给予，剥夺就会被剥夺；信任就会被信任，怀疑就会被怀疑；爱就会被爱，恨就会被恨。当他人做出友好的姿态以示接纳和支持我们时，我们会觉得“应该”对别人报以相应的回应，并因此而产生一种心理压力，迫使我们对他人也做出友好的姿态。不然，我们的心理平衡就会遭到破坏，内心会感到不安。

在职场人际交往中，喜欢与厌恶、接近与疏远都是相互的。几乎没有人会无缘无故地接纳和帮助另外一个人，要想得到别人的接纳和帮助，我们必须也要喜欢和帮助别人。一般来说，喜欢我们的人，我们才会喜欢他们；愿意接近我们的人，我们才愿意接近他们；给过我们好处的人，我们也会去帮助他们。

职场经验告诉我们，先给他人一些小恩小惠很有必要。这并不是吃亏，如果我们帮助过某位同事，就等于在他心里埋下了一种“责任感”，促使他将来给予回报。就算是我们的顶头上司，也会有需要帮助的时候，所以做点什么吧，让他对你心存感激。这样，当我们需要帮助时，他自然不会袖手旁观。

生活中，估计没有几个人愿意吃亏。很多人认为，逆来顺受、甘于吃亏的人是傻子。但事实未必如此，职场之中，能吃亏、善吃亏、会吃亏的人往往是最聪明的人，正所谓“舍不得孩子套不着狼”，这样的人常常是职场江湖中最大的赢家。

为什么会这样呢？因为会吃亏的人都具有顾全大局、心胸开阔、举重若轻等珍贵的品质，而这些品质恰恰是大家所缺失、所推崇的。具备这些品质的人，能得到老板的赏识和大家的认可，想不成功都难。

从这个意义上来讲，吃亏就是占便宜，是一种极富智慧和极具想象力的隐性投资。不过，在这样一个充满竞争的商业社会里，对一个渴望成功的职场新人来说，不去争，不去计较，只想着满足老板的要求，甚至去欣赏同事的成功，心甘情愿地去吃亏，确实是件不容易的事。因为他们还缺乏足够的磨炼，对于自己的付出总是希望马上获得等值的回报。

几年前，郭磊所在部门的经理突然被调离，因调离很仓促，有一笔账目处理得不是很圆满。此账目不是郭磊经手的，但新来的部门经理对很多情况不熟悉，看到该账目牵扯的企业是郭磊联系的，就非常严厉地对他提出了批评，并且扣除他当月八百元的工资以示警告。

面对新来领导的批评，郭磊没有辩解，甚至没有说一句话，默默地接受了这个处分。回到家，郭磊将这件事告诉妻子以寻求体谅："以前的领导对我不错，我不能人走茶凉，说别人的不是。"

随着时间的推移，新来的领导熟悉了环境之后，对这个话不多但做事踏实的下属的印象有了很大的改观。一次偶然的机会，新来的领导遇到了以前的部门经理，聊到此事时，前经理立马做出解释："那件事和小郭无关，是当年的副总委托部门办的，小郭当时不知道。"新来的经理听闻此言，对郭磊大为赞赏，认定他是个能成大事的人，对他也格外栽培。

三年后，部门经理升职了，他向单位举荐郭磊作为自己的接班人。最终，吃了哑巴亏的郭磊被提拔做了部门经理。

自己厚道就是自己吃亏，谁会这么傻做这样的事情？有这种想法的人只看到了事物的一面，没有看到事物的另一面，只看到了眼前的利益，没有看到长远的利益，觉得此时此刻自己吃亏了，却没有想到未来也许会因为你今日的厚道得到更大的回报。

3. 场面话是门学问

提到场面话，很多人的第一反应就是客套、假话、空话，甚至是废话。但是，在职场中，我们免不了与不同的人打交道，场面话是人际交往的润滑剂，合适的场面话能快速拉近你与他人之间的距离，并且以此为基础建立起良好的人际关系。所以，职场中人适量学习一些场面话是有必要的。

中国自古以来就是礼仪之邦，这赋予中国人一种能力：待人接物尽量客气，讲话尽可能委婉。由此，中国也形成了一种“人情社会”：不当面拒绝，多顾及场面。这种约定俗成的规则其实也是一种礼仪和文明的体现。身在职场，也不例外。

在职场，说场面话是一种生存智慧。这不是罪恶，也不是欺骗。撇开道德的标准，谎言就是一种智慧。所以，有时候，说一些无碍原则的场面话，是一个人在职场立足的一种本领。

但是，职场上的你必须得明白，哪些话是认真的，哪些只是场面话。这就好比你走在路上，一个熟人过来打招呼说：“吃饭了吗？”这是中国人惯用的寒暄方式，是日常生活中的场面话，没有谁真的那么关心你的一日三餐，大可不必揪住“吃饭”的话题不放，只需跟对方礼貌地打一声招呼就可以了。

在职场中，大到在比较庄重的场合上讲话，小到与一个同事交流工作，人们说的话都可以理解成是场面话，因为这话就是说给别人听的。说场面话的能力，甚至和自己的专业技能一样重要。

总结那些特别会说话的职场人的说话技巧，主要有几点：最好懂点心理学，学会换位思考，从听者能接受的角度来说，即便是批评，听着也不会刺耳；了解别人的性格特点，知道对方的理解程度和理解能力，再来拿捏说话的轻重；勇于自我嘲讽，有时候以看似嘲讽自己的方式，间接表达出自己的想法；分寸把握得当，不会让人一听就觉得是在说假话；最大限度地尊重他人，用一种幽默的态度来看待每件事。

一个人表现出高于别人的“职场智商”，并不意味着他的业务能力一定很强，甚至可能很多其他人会的东西他都不会，但他为人开朗随和，跟谁都能说上几句，虽然大家知道他说的是客套话、场面话，但大家还是很喜欢听。因为他说得很诚恳，别人听得很开心，也就愿意帮助他，业务上的难题就这样轻松搞定。

光靠说场面话还不行，还要有实质的行动，否则就有大忽悠的嫌疑了。例如，无论身在哪里，只要老板一个电话，就马上出现在公司；老板交代任务，永远是千年不变的那句“好，我马上处理”。其实这就是句场面话，老板当然也明白，但老板就是很受用。

不光是下属，老板也一样要会说场面话。因为下属很多时候在意的除了问题本身，还有领导的态度，老板就算说的是场面话，也让人感觉很温暖。

作为一家图书出版公司的项目经理，叶梅的任务主要有两项：领会老板的意思，搜罗热门题材；带领手下执行老板的指令，并开发新的作者资源。叶梅说，因为“竞争大，利润空间小，合适的作者少，内部编辑的积极性不高”，图书出版公司的项目经理往往承受着巨大压力。

“有一次，一个作者突然给我打电话，说是没有办法按时交稿了。这让我很急，”叶梅说，“老板还在等着这部作品，而且我们的营销声势也已经造起来了。”就在叶梅急得束手无策的时候，老板刚好从她旁边经过，问了一句“怎么了”。

“领导只是和下属随口聊几句话，如果我此时郑重其事地告诉他到底是怎么了，显然不合适。”叶梅说，领导的一句“怎么了”往往只是场面上的关心，他当时根本没时间听你汇报究竟是怎么了。

但就是领导的这句场面话，突然让叶梅有了战胜困难的勇气。她笑着回了一句：“没什么，抽屉钥匙突然找不到了。”

叶梅说，自己的回答其实也是场面话，既可以宽慰一下疲惫的老板，也可以为自己和下属营造一个轻松的环境。

会说场面话固然好，要是真不会说也没太大关系，只要诚心待人就行了。不过一定要会听场面话，不要傻傻的什么都当真，什么都听不懂。

初入职场的新人应该如何分辨哪些话是场面话？

一是看场合。一般而言，在一个社交场合，陌生人见面时都会说一些场面话，而关系密切的私人交往中，场面话会相对少一些。

二是看内容。一般而言，人际交往中，尤其是与你关系并不密切的人交往，有三类话大多属于场面话：第一类是当面称赞你的话，第二类是当面答应你的话，第三类是与主题没有太多联系的话。因此，不要因为别人的当面称赞而沾沾自喜，不能因为别人的随口承诺而信以为真，不能因与主题无关而充耳不闻。

对于称赞或恭维的场面话，你要保持冷静，千万别因为他人的两句好听的话就乐昏了头，那会影响你的自我评价。冷静下来，反而可看出对方的用心。对于拍胸脯答应的场面话，你要持保留态度，以免希望越大失望也越大，只能姑且信之。人情的变化无法预测，你既然测不出别人的真心，就只好做最坏的打算。要确定对方说的是不是场面话也不难，事后求证几次，如果对方闪烁其词、虚与委蛇，或避而不见、避谈主题，那么对方说的就是场面话了。

俗话说得好，蜜比醋更吸引苍蝇。在职场中，我们要学会说场面话，给别人一点甜头，但万不可做被别人的场面话所吸引的“苍蝇”，轻信别人的场面话有时不是善良，而是愚钝。

4. 与其“露一手”，不如“留几手”

在职场中，一个人是笨蛋还是精明能干，往往不是表面上看到的那样。人人都觉得聪明的往往是笨蛋，而人人觉得笨拙到极点的，恰恰可能是聪明人。

那些公认的聪明人，在职场中的命运往往不会很好。凡事都精明，凡事不吃亏，到头来却处处受人压制，成为人们打击的对象。反倒是一些看起来蠢蠢笨笨的人，平时经常被人“欺负”，到了关键时候，却能一鸣惊人，捞到不少好处。

枪打出头鸟，因此真正历练过的人，会学着露怯，让自己看上去笨一点，没有那么聪明，自己真正的本事压在箱底，非到关键时刻不轻易使用。而职场新人，往往会故意装得很聪明，事事都露头，还处处想教训人。

在有真正巨大的利益出现时，聪明人和笨人往往有截然相反的表现。平时看起来很聪明的人，在做大事时依旧不知道收敛，一个劲地往前冲，根本就不管自己做得了做不了。到最后，事情是做成不少，可缺点暴露得更多。然而在职场中，别人看的往往不是你的成功，而是你的缺陷，一个缺陷就可以抵消好几年的奋斗。所以那种只想着做事而不考虑其他的做法，到最后只能让自己头破血流。

而平时看着比较笨的人不同，他们做事的时候不冒进，不贪功，首先考虑的是安全。所以，他们做事时的第一任务是藏好自己的缺陷，不让缺点暴露，于是笨人们立于不败之地。他们不需要做成什么，只要看着聪明人一个个倒下就可以了。

职场中低调做人是一种谋略，不仅可以保护自己，与他人和谐相处，也可以让自己暗暗积蓄力量，悄然潜行，在不显山不露水中成就事业。对于职场新人来说，一颗浮躁的心会让你在各个职位、各个企业之间来回游移，你会觉得这个工作你能做，那个也能做，最后导致连最简单的都做不好，所以要低调沉稳。而职场老人，面对所取得的成绩，要懂得感谢他人，与人分享成功。

要给自己留有余地。职场新人要少说多看，以谦逊的态度向别人虚心请教，不仅会使你进步很快，还能使自己很快融入集体中去。对职场老人来说，如果总是摆出一副“我比你懂得多”的姿态，喜欢被别人奉承，那么即使你很优秀，也不会得到尊敬和认可。

职场上爱显露自己的人，其实是很让人讨厌的。他们不只是装聪明，而且喜好指点江山，什么事情都要指导一番。甚至很多新人还装着有经验的样子，给职场老手们上课。遇到这种出头鸟，千万别和他们较劲。你要想到，他们越是装聪明，死得就越快。

这些人表面上是露了一手，实际上是送死，和他们较劲，实质上是把自己也变成了和他们一样的人，那你会有同样的结果，甚至可能更糟糕。所以，要顺着他们，捧着他们，这其实是加快他们被淘汰的进程。

李可本来在公司做得不错，他和前搭档合作得非常默契。不久前，李可迎来了一位新搭档，种种不适接踵而至。

李可向来自视很高，总认为自己才华过人，别人的文案他都不放在眼里，而且非常喜欢对新搭档的工作指手画脚。按道理，他们两人的级别一样，但李可说话俨然是一位大领导，对此，他的搭档基本上是一笑而过。

可是，让李可想不到的是，在一次项目设计中，搭档居然在领导跟前把李可的设计否定得一无是处，说色彩和构图都有问题，而自己提出了更好的方案，让领导眼前一亮。李可气急败坏，当着领导的面与搭档争执，结果领导批评李可过于情绪化，气得他七窍生烟。

人们总以为，职场是个走秀场，比的是谁更聪明、谁更能干。实际上，职场不是走秀场，而是斗兽场，比的不是谁更厉害，而是谁能生存下去。在职场上，安全比胜利更重要。我们要拼的不是看起来谁更聪明，我们要比的是谁活得更长久，这是由职场的本质决定的。

在职场中，如果你需要和人较量，那就记得要给自己留一手，不要事事争强好胜，凡事都要占尽先机。通常在无利可图的时候，我们要选择蛰伏，最好能隐藏得令人感觉不到自己的存在。而当有利可图时，则早早布局，暗里明里地争取。

如果仔细观察，你会发现，在职场中占据高位的人，往往不是最聪明的那个，而是熬的时间最长的那个。他们不一定有能力，但他们有经验。他们不一定有魄力，但他们有资历。时间是一个人在职场最可怕的敌人，也是最好的武器。

5. 酒桌上能解决很多问题

酒局是职场交际的重要工具。对职场人士而言，请客吃饭看似简单，但里面蕴含着诸多智慧。如何处理好与同事或客户的聚会和酒局?

对于大多数职场人来说，酒局避无可避：谈生意，要请客吃饭；谈工作，要请客吃饭；升迁调动，要请客吃饭；联络感情，要请客吃饭；领了红包，更要请客吃饭……只要有事相求或需要建立人脉关系，就离不开酒局。

如今，如果一个职场人的酒局很多，就意味着他是有很多朋友的人，他是个举足轻重的人，他是个玩得转的人，他是事业有成的人。相反，没人和你吃饭，是一件很没面子的事情，这意味着你成了社会的弃儿，圈子的边缘人。

圈内人围坐在一起，先吃，不说事，在推杯换盏中，一种“自己人”的感觉让彼此间比平时亲近了几分，许多在办公室里无法搞定的事情，在酒酣耳热之际就能轻轻松松搞定。于是，酒局上人人红光满面，却又各怀心事。

酒局是一种社交方式，所谓的人脉、圈子、社会关系、资源、友谊、生意和交易，以及一个人的能量，通通绕不开酒局。酒肉虽然穿肠过，交情自在心中留，一场酒局下来，虽然支付了不菲的餐费，却也收获了一笔订单，或者一种心照不宣的协定。

酒局也是人际关系的调节器。由于餐饮礼仪的基本原则是敬人律已、真诚友善，因而它能联络感情，协调各种人际关系，营造一个和谐友善的社交氛围。人与人之间发生了某种不快、误会或碰撞时，喝一顿酒，互相道个歉，便会化干戈为玉帛，重新获得彼此的理解和尊重。

求人办事，请人吃饭，一定要巧妙布局。布局时要注意投其所好，只有这样才能事半功倍。首先，你必须让对方心甘情愿地来赴宴，甚至主动提出帮你办事，否则你再怎么投入，对方也不一定会领情，这样你的酒局就会变得毫无意义，最终结局可能是赔了夫人又折兵。所以，请客吃饭要细心思量，找到对方最好的切入点，并且做得滴水不漏，让对方找不到丝毫破绽，唯有如此，他才会在不知不觉间上你的钩。

酒局本身是一种公关，在酒局上你可以拉拢关系，得到许多平时很难得到的东西。但是，这是有前提的，就是你得懂酒局上的规矩。如果你不懂酒局上的潜规则，很可能适得其反，毁了前程。

在职场上，酒局通常不是与领导相聚，就是与同事聚会，那座位的安排就很有讲究。坐主位的通常是本桌最大的领导，紧挨着的是最主要的陪酒人员，大部分时间酒局上的话语权在这些人手中，别人陪着吃喝，陪着说话。既不能多说，以免抢了领导的风头，也不能一言不发，像个木头一样坐在那里，只顾自己吃，显得没有礼貌。偶尔搭搭话、帮帮腔，烘托一下气氛，显得热闹。酒喝到一定程度时，还要主动敬敬酒，以示亲近。

喝酒是为了搞好关系，因此要有说有笑，把你阳光灿烂的一面展示出来。在言谈上，以中听的话为主，还可以玩点幽默，大多是套近乎，攀交情。也有人信口侃大山，海阔天空，天南海北，让在座的人笑得前仰后合。临别时依依不舍，喝高了的握着别人的手不舍得撒开，这样就达到了目的。

吃饭喝酒是有目的的，有做东的人的用意，因此不要说错话。说错话，不仅尴尬，更可能得罪人，甚至被戴上人品差的帽子，麻烦接踵而来。一些人工作能力突出，表现优秀，但得不到升迁和重用，原因就在于酒桌上的表现不佳，令人讨厌。

喝酒这种事，说起来很简单，做起来就难了。只有做到位，才能赚足人气，为事业发展做好铺垫，为职位上升埋下伏笔。是处处被动，还是处处顺利，就看你的了！

6. 该送礼时要送礼

中国是礼仪之邦，特别是在节日里，很多人想通过一份礼品来表达自己的谢意、情谊以及对商务关系的重视。那么，如何送礼才能达到自己的目的呢?

有人认为，给领导送礼会让人觉得你有所图，也会让同事看不起。还有人认为，给领导送礼会降低自己的身份，有才能的人是不需要以送礼来沟通感情的，如果领导欣赏你，不会因为你送礼与否而改变。

其实，给领导送礼以联络感情，与诚实、正直、勤劳的人品并不冲突，送礼并不代表无能。需要注意的是，虽然送礼本身无妨，但要避免唐突地送大礼给领导，否则会让领导心生疑惑，觉得你有事相求。感谢就是感谢，心意到就好，再重的礼物也不能取代你的才能。

俗话说拿人手短，老于世故的职场老人，对于礼物大都有一种本能的警惕。如果礼物过于贵重，收礼的人难免会有压力，拒收的可能性也就很大。而如果礼物太轻，很容易让对方误解为瞧不起他，尤其是关系不算亲密的人。所以，礼物的轻重一定要得当，不能过轻，也不能过重。礼物的贵重程度最好以对方能够愉快地接受为尺度，这样会皆大欢喜。

真正能打动人心的礼品，往往都是投其所好的。所以你需要了解对方的身份、喜好和日常习惯，即使做不到十全十美，也能避免弄巧成拙、送礼送出麻烦的局面。譬如对方明明因病需要戒烟戒酒，但你却拎着一些好烟好酒去拜访，虽然礼品贵重，却让对方不舒服，一番好意自然化作流水，不但于增进感情无益，还暴露了自己平时不太关注对方的事实。通常那种“急对方之所急”“想对方之所想”的礼物，是最容易被对方笑纳的，而且不会产生副作用，所以你要清楚对方平时最在意的人或事。如果对方是三口之家的年轻家长，那么礼物以其他两名家庭成员为着力点，效果会比以对方为重心要来得好。如果对方是一位德高望重的长辈，那么送一些有针对性的补品或修身养性的艺术品则是很贴心的选择。对于讲究生活品质的人，送礼不需要太贵重，但一定要精致，贵于精而不在于多。对那些好面子的人，则尽可能地送名牌商品。

不管送礼是否自愿，每件礼品都须是精心挑选的，因为礼品是你人品的延伸，对方从中能衡量出你的兴趣，甚至包括你的智慧和才干。送什么，如何送，都会给人留下重要的、持久的印象。

不管我们承认与否，礼品对于双方都有意义，它在我们的生活中扮演着重要角色。千万不要因为自己的一时疏忽，而发生一些让自己很尴尬的事。比如，今天是你的助手最后一天上班，或者是老板的生日，或者庆祝某一位同事升迁，而你竟然忘得一干二净，毫无准备。在此，建议你手边最好存一些礼品，以应对一些紧急的情况。

7. 急人所急，会有惊喜找上你

在职场上搞好人际关系有多重要，在前面的章节里我们已经连篇累牍地说了很多。接下来要说的，是搞关系的最高境界，就是要学会从他人的角度来考虑问题，善于观察周围的细节，发现他人的困难、挫折，并给予帮助。要处处替他人着想，解他人燃眉之急，切忌以自我为中心。无论你是否有目的性，只要你做到了这一点，就一定会有惊喜找上你。

在职场上，适时地向你的同事或者竞争对手伸出援助之手是很有必要的。职场上良好的人际关系往往是双向互利的，你给予别人关心和帮助，那么当你遇到困难的时候也会得到相应的回报。

要想让别人对你信服，就要尽可能多地替别人着想，看看别人有什么难处，能帮则帮。这样能使别人对你产生敬畏之情，从而达到改变别人心理的目的。

在工作中，许多人总是一副“事不关己，高高挂起”的样子，这实在是一种消极的心态。工作中有许多环节是需要彼此合作的，这些人做完自己的工作后便认为完成了任务，从不想着帮一帮别人。这种人不仅缺少互助的精神，更是职场中最自私的人。他首先关注的永远是自己，而不是集体。这种把集体放到一边的员工，老板是不会重用的。

即使抛开道德层面的因素不说，单从自身利益的角度来看，不愿意帮助他人有时也会伤害到自己。因为很多时候，你的工作与其他人的工作是相关联的。你的工作可能是过去某种工作的延续，也可能是以后某种工作的基础。如果你不愿帮助同事，同事自然也不会帮你，那你就会多付出很多劳动，甚至把事情办砸。

所以在职场中，如果你有能力和时间，不妨帮帮别人，这并不意味着要帮他做多大的事。

只有同事之间相互合作才能把工作做好，才能交出一张让老板满意的成绩单。当你养成助人的习惯时，一旦你需要帮助，自然会有人伸出援助之手，而且还能获得同事的尊重和友爱。

周五下班的时候，娜娜看到林夕和其他同事一起高高兴兴地去吃晚饭、唱KTV，就心生嫉妒。娜娜心想："论长相，论学识，明明是我更高一筹，为什么每次出去玩，同事们都喜欢找林夕？不就是林夕平时会帮人倒水、打印数据讨好人吗？有什么了不起的！"

娜娜虽然这样想，但还是为自己没有林夕受同事欢迎而感到困扰。因为现在的状况已经不是没有人约她出去玩这么简单了，在工作中，娜娜需要同事帮助时，需要她花很大的功夫和唇舌才会有人协助她。而林夕呢？只要她皱皱眉头，肯定很快就会有人过去问她出了什么事情，是否需要帮助。

娜娜的问题就在于，她没有明白，林夕受欢迎是因为她肯主动伸出援手，在同事焦头烂额的时候协助他们。

没有人会希望自己不受重视，没有人会希望自己得不到他人的关心。主动伸出援手，帮助同事解决燃眉之急，就是重视、关心和体贴同事的一种表现，而你也会因此得到同样的待遇。

人在职场，为他人着想，做到搞好关系的最高境界有四个步骤：

1. 把自己当别人——设身处地地为他人着想，己所不欲，勿施于人；

2. 把别人当自己——像对待自己一样对待他人；

3. 把自己当自己——走自己的路，任别人去说；

4. 把别人当别人——尊敬他人的个性，不强求别人都像自己一样。

只要你能做到，你就可以在职场左右逢源，机会和惊喜也会常与你相伴。

8. 永远要给自己留条后路

有些人在得到他人帮助之后，当时口口声声“滴水之恩定当涌泉相报”，可是，一转身便露出了过河拆桥的面目，将帮助过自己的人抛诸脑后，这样的人再遇到困难的时候，就没有多少人再愿意帮助他了。有些人的过河拆桥在某个圈子里是出了名的，大家都心知肚明，只有他自己还对这点小聪明沾沾自喜，以为别人还没有识破他这点小把戏。这样的人是没有什么太大的发展潜力的。

职场中会出现有目的地接近别人、讨好别人的人，他们其实是在利用别人的善良和淳朴来达到他的目的。这种人最厉害的一招就是伪装，伪装成你的好朋友甚至是生死之交，他们一旦达成自己的个人目的，就会将你从他的记忆中删除。他们很清楚自己什么时候该记起谁，什么时候该忘记谁。他们为此自鸣得意，但有远见的人知道，这样做对于长远发展来说是很危险的。

一个人一旦被贴上过河拆桥的标签，问题和麻烦将层出不穷，将没有得力的同事或者下属会死心塌地地帮助他。可想而知，一个这样的人，要想获得他人的信赖是需要付出更大的代价和努力的，也是非常困难的。所以，凡事要给自己留有余地，切勿自断后路。

白丽过五关斩六将终于跳槽到现在的公司，打算在新环境有一番作为的她，首先观察公司的情况。

自己所在的部门只有三个中心人物，主管曾冉、部门专员小周，还有自己这个主任。以公司的规模来说，这个部门其实并不需要三个管理人员。

专员小周在白丽上任后便百般示好。白丽心里明白，小周示好是为了保住他的位置。白丽心想，与其得罪曾冉，不如先踢小周出局，这样肯定能保留住自己。于是白丽人前表现得与小周关系不错，暗地里在曾冉和老总面前将小周贬得一文不值。

曾冉对于这件事表现出袖手旁观的态度，而领导一来二去就对小周产生了不好的印象。

最后如白丽所愿，小周被辞退。当白丽打算开始享受安稳的职场生活的时候，曾冉却把部门所有的琐碎工作都交给她去做。这些工作本来是小周做的，小周走了，就只能落在白丽头上了。

这时候白丽才知道，当自己要赶走小周的时候，曾冉看在眼里而不加阻挠，一是为了不让小周和白丽联手对付自己，二是不管小周在不在，他都是部门主管，琐碎的工作都不用自己干。白丽赶走了小周，只能自己吃个哑巴亏，在曾冉的压制下度日。

人在社会上，无论是做人还是做事，都要给自己和别人留有一定的余地。话不可说满，事不能做绝，留有余地，才有足够的回旋空间。

关于留后路的另外一种情况，就是跳槽了。身在职场，是一心一意跟着领导为自己的公司卖命，还是脚踩两只船，随时准备挪窝？工作的节奏越来越快，变化越来越大，为自己的职业生涯留后路的员工似乎越来越多。人们对于这种行为毁誉参半，有的人觉得理所当然，有的人觉得是见异思迁、不厚道。我觉得这条后路是应该留的，但是不能太明目张胆，也有技巧在里面。

有一批人端着饭碗找后路的原因很简单，就是哪里的待遇好就往哪里跳，我觉得如果单纯为这个，还是别跳的好。职场中人对自己的职业发展应该有一个规划，不能只是在薪水方面往高处走，只看待遇，不看发展空间，那样你的职业素养得不到提升。

另外，从忠诚度的角度看，总往薪水高的地方跳也是不合理的。如果你去应聘另外一家公司的职位，对方一看你的跳槽记录，那么频繁，就会认为你是一个忠诚度不够也不踏实的人，就不会录用你。

其实，对一些职场人来说，与其说是在找后路，还不如说是在找职业安全感。很多人对自己的工作都没有安全感，特别是一些做销售的人。有时候，他们的业绩做得很出色，老板给予他们很大的褒奖，同时对他们的要求也更高了，工作压力也在加大。压力之下，安全感渐渐消失，于是做了一段时间就想为自己找一条后路。

从心理学上来讲，这类人是在寻找一种安全感。从更深层次上来讲，有这样心态的人是“害怕成功”的，他们在为自己的逃避找一个消极的借口。他们没有想到在自己从事的行业内更进一步，而是避重就轻，总想做轻松一点、压力不大的事情。

当然，这不是说不能留后路。总的来说，留有后路是没有错的，主要是如何留这样一条路。操作得当的话，无论哪种后路都会是阳光大道；如果频频失误，必将导致你掉进万丈深渊。

第八章
丢饭碗的逻辑

1. 职场失败的致命伤
2. 厚黑的大环境，清高是傻子
3. 有竞争就必须有手段
4. 跟领导较劲儿绝对是自杀
5. 不要犯的职场六宗罪
6. 人在职场，最后要干掉的是自己

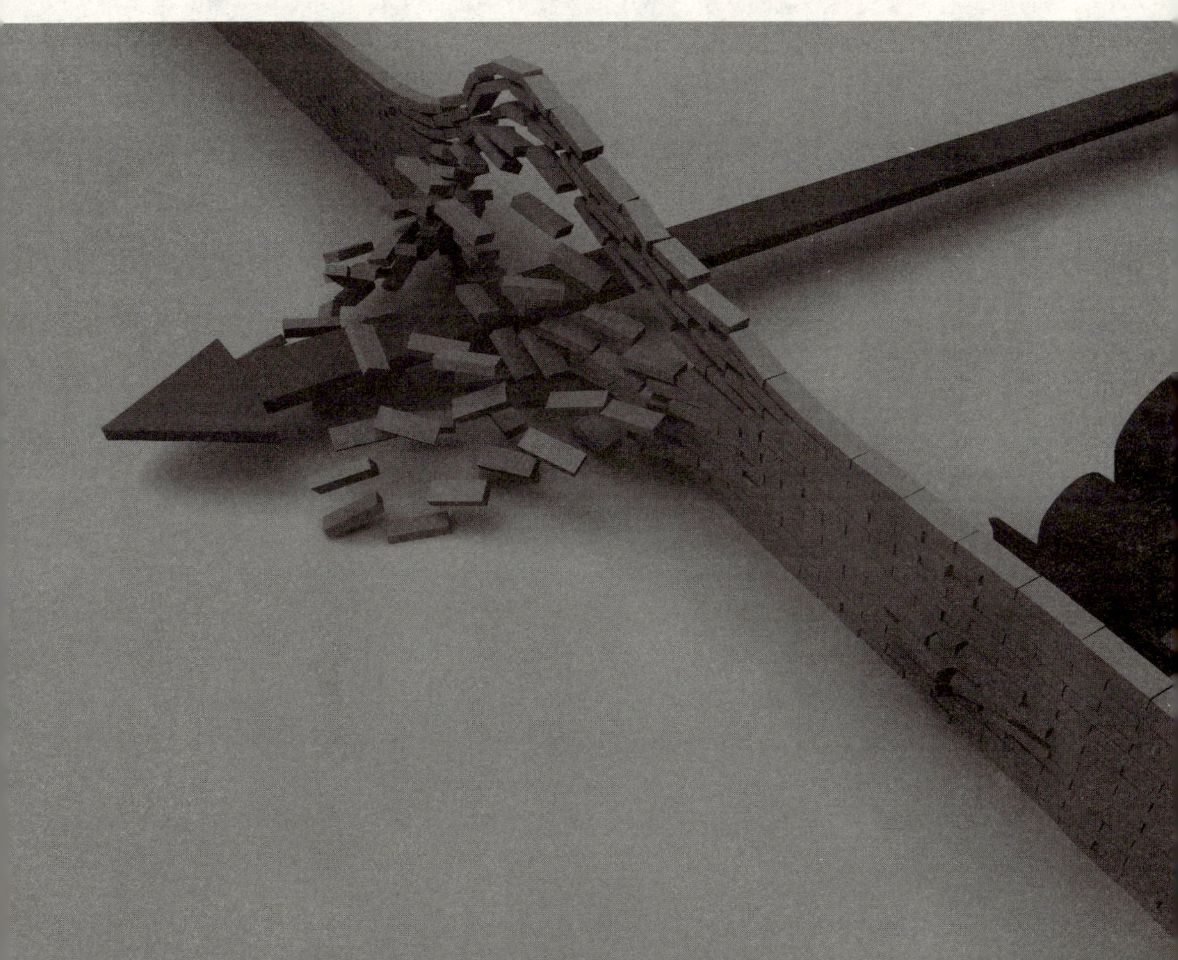

1. 职场失败的致命伤

岁末年初，回首匆匆走过的一年，再遥望即将面对的路程，一些身在职场的朋友心中难免有些遗憾，也有些迷茫。看着平日一起战斗的战友手捧鲜花、加官晋爵，心中更是有说不出的酸楚。

为什么加官晋爵的是他，而不是我？为什么鲜花和掌声都给了他，而没有我的份？难道我不够努力、不够辛苦吗？我究竟错在哪里？

其实，一个人在职场上的失败，很大程度上是因为自己的性格。一个人的性格完全能够左右职场发展的状况，所以首先你需要评估自己的性格。下面十二种就是典型的职场失败者的性格。

1. 保守、固执。这类人天生就倾向于自取其败，他们一再地陷入受欺压、被打击的处境中，而且对此无能为力，也不思进取，就算是眼前摆明了有机会，他们也会视而不见，拒绝利用。

2. 自恋狂。狂妄自大、自视过高的人在职场上通常没什么好果子吃。自恋狂需要别人的赞美和羡慕，为了让对方喜欢自己，常自不量力地答应别人的所有要求，自然少不了失败。你可知道“羡慕”后面还有“嫉、妒、恨”三个字？

3. 情感幼稚。以幼稚的行为引起他人的注意，在工作场合扮小丑以博得大家的关注，同时还以幼稚的行为推卸责任，不肯承认错误，这样的人很难得到他人的尊重，职业失败也就不难理解了。

4. 缺乏自信，自闭。这类人把自己牢牢地锁在一个小圈子里，总认为自己做不好这个做不好那个，担心、害怕失败，内心对所有事情都有错误的预期心理，自然难逃失败。

5. 好高骛远。志大才疏，对自己的能力和潜力不能做出明智的预估，同时对自己要求过高，工作的目标和要求都极不现实。如果有着不切实际的妄想，那么你的职场人生只能是惨淡收尾。

6. 过度自卑。有时还会做出荒诞之举，以借此证明自己的价值，结果反而经常是自取其败。

7. 报复心强。这类人容易意气用事，心里常常有很多抱怨，一旦遭遇挫折，只顾发泄情绪而不听劝，无法淡定地面对挫折。结果，不仅会失去人缘，在老板那里也会留下这个人不堪大用的印象。

8. 刻意寻求关注。这跟上面的行为幼稚还不一样，这类人喜欢出风头，喜欢高谈阔论，大吹大擂，一心企盼别人的称赞，一心想成为众人注目的焦点。但经常适得其反，成为笑料。这类人还特别害怕不被认可，别人一个皱眉头的反应，就可能让他内心动荡不安。

9. 激情过剩。有些人太富于激情，只有将自己的生活、工作节奏调得很快，才会有成就感。但是只顾追求速度，经常会带着一批人跟着赶进度，而且还会使自己做出不正确的判断，正所谓欲速则不达。这样的人最好能够学会控制自己的激情，因为你工作的圈子不只有你一个人，你需要照顾一下别人的感受。

10. 执拗多疑。这样的人心胸狭隘，整天疑神疑鬼，总在揣测别人的动机，怀疑同事在背后算计自己。内心太多这样的猜忌，必然会消耗工作精力，影响人际关系，导致周围人的疏远、反感和冷落。

11. 中年危机。人到中年，对工作和生活都不满意，有一些悲观情绪，认为眼前没有任何事情值得自己去努力和拼搏，继而变得死气沉沉，喜怒无常。你自己都这样了，还能奢求别人给你机会？

12. 墨守成规。这类人不能说不好，他们有的工作能力很出色，有的办公室人缘也很好，他们遵纪守法，循规蹈矩，从不乱来，可就是得不到升迁——对于这类人来说，这也是失败。要明白，职场就是个名利场，需要放下的要放下，需要打破的要打破，不突破自己，就没法儿成功。

除了性格方面的原因，身在职场，必须保持一种良好的心态，树立一种正确的价值观。很多人常常为了追求当下的蝇头小利不择手段，甚至丧失原则，透支自己的信誉。他们金钱至上，不能正确衡量眼前利益与长远利益的关系，总认为付出应该马上得到回报，稍有不满意便怨言一大堆，缺乏牺牲精神。此类人，自己都无长远打算，还指望领导委以重任？一个过分注重个人得失的人怎么可能在关键时刻为公司的利益挺身而出呢？又怎么可能在大是大非面前保持清醒的头脑呢？

有句话说得好："一帆风顺叫成长，九死一生叫成功。"

2. 厚黑的大环境，清高是傻子

有些人天生就骄傲得很，自认为高人一等，或不屑与世俗之人同流合污，动不动就瞧不上这个看不起那个，好像只有自己是高尚、值得尊敬的人。

可职场中什么样的人都有，有的人当面一套、背后一套；有的人溜须拍马，十足的小人模样，可以说是五花八门。不管别人是什么样的嘴脸，那都是他们自己的事，你用不着愤世嫉俗，用自己的道德准则来约束他们。这种清高是没有意义的，只会招来反感，成为众矢之的。

职场本来就是个很微妙的环境，人与人的关系很微妙，而上下级之间的关系更是微妙。某些人在办公室里很受领导喜欢，不管这个人有没有能力，老板遇到事情都会先想到他们。也许这些人是马屁精，也许他们有能力，但是也会趋炎附势。面对这种情况，很多清高人士会很鄙夷，但是事实和现状是，他们鄙夷的对象混得就是比自己好。

刘丽是一个原则性很强的人，在工作中也出类拔萃，但她有一个很大的缺点，按照同事的说法，那叫“道德洁癖”。她人不错，但是一看到同事有什么做得不对，或者某些行为让自己厌恶，她会表现得很不屑，甚至用鄙夷的神情来表达自己的不满。

有时，同事们背后会说老板的一些坏话，刘丽从不参与。面对部门争斗，她也保持中立。这样做，无形中就把自己从团队中孤立出来了。按理说，像她这样一个不爱招惹是非、不与他人“同流合污”的人理应得到老板的赏识。可结果是，有什么事情发生时，她最先倒霉，升职、加薪的事更是与她无缘。

放眼看去，你会发现一个奇特的现象，不少抱怨被小人所害、受尽小人之苦的职场人竟然也是别人嘴里的奸佞小人。难怪小人如此泛滥，不管你认可与否，自有人把你划归小人之列。这多少有些黑色幽默。

刘涛和赵立在同一家公司工作。刘涛是一个生性孤僻的人，平时跟同事相处得也不太融洽，但是知道讨好领导。别看他和同事关系不怎么样，和公司的一干领导可是打得火热，逢年过节会第一时间去探望领导，领导新上任，他一定会是对方办公室的第一个客人，按电梯、开车门这些小事就别提了。

部门副主管赵立非常鄙视刘涛，觉得自己比他强多了。他坚信只要自己工作出色，领导就会赏识自己，同事也对他评价很高。令人费解的是，赵立在副主管的位置上一待就是十年，而刘涛两三年时间就从普通职员爬到了赵立上面。

每个人心里或多或少都会有一些功利心，而要实现自己的期望，就要主动去创造条件。刘涛和赵立的鲜明对比足以说明一些问题，趋炎附势在职场中确实是一种捷径，虽然会遭受一些鄙夷，但那有什么关系呢？决定自己命运的人永远是在自己上面的人。而清高是职场大忌，你清高什么？社会上人才济济，单位可不是缺了你就玩不转了。

正所谓“世事洞明皆学问，人情练达即文章”。你当然不必非得把同事当成知己，但也完全没必要清高到把同事视为敌人。良好的职场生态环境有益于每一个个体的生存与发展，以团队协作和相互理解为基础，豁达地宽容异己，公正地看待对手，理性地对待得失，方能赢得更大的舞台。

办公室里的流言蜚语会让人感到无尽的压力和疲倦，如果自己忍不住爆发了，会给好事者制造更多的口实，流言也会越传越盛。此时，不如学习某些明星对待绯闻的方式——冷处理，其实也就是装糊涂，无论别人怎么说，相信清者自清，不理不睬。好事者见投下的石头连一朵水花也激不起，流言也就自然消散了。

装傻和清高不同，装傻可以说是职场人常用的处世之道，也被推崇为高明的处世之道。只要你懂得装傻，你就并非傻瓜，而是大智若愚。

装傻也是要有演技的，那什么时候装、什么时候不装呢？在职场中，要大事聪明些、小事糊涂些。大事就是本职工作、领导交办的事以及自己的正事，如合同、薪水、升迁等，这些事都需要弄清楚，其他的事可以糊涂一些。还有，工作上要聪明些，关系上要糊涂些。对自己的工作一定要清楚，不能含糊，“大概、可能、好像”一类的话尽可能不说；而人际关系非常微妙，还是做和事佬，少表态，表现得糊涂些好了。

想在职场立足，光用知识武装头脑是远远不够的，还要有心机。有心机并不一定是坏事，正所谓“害人之心不可有，防人之心不可无”。咱虽然不想害别人，可也不能被人坑了不是！有点心机可保护自己的正当利益不受损害，说不定还能早点升职加薪。

3. 有竞争就必须有手段

有人曾用几年前的港剧《金枝欲孽》中的复杂剧情、刁钻桥段和乖张角色等来比拟当下的职场复杂程度。的确，很多人也发现了这样一个问题：为什么那些老老实实埋头工作、为公司日夜操劳的人总是默默无闻，而那些见风使舵、耍尽手段损人利己的小人在职场中如鱼得水，要多自在就有多自在，并且还有各种各样的实惠源源不断？

对职场中人来说，是人品重要，还是业绩重要？在我们的职场中要不要通过耍手段获得领导的赞赏和升迁的机会？这样做我们的口碑会不会受到影响呢？

其实，手段有很多种，攻心术、博出位、八面玲珑……仔细观察，我们会发现：职场中的潜规则毋庸置疑是存在的，能不露痕迹地利用潜规则达到目的，那是你的真本事。

谁都想成为竞争的胜利者，所以不必鄙视那些为了赢得胜利而使用手段的人。也不要压抑自己渴求成功的欲望，那样会迷失在自己制造的道德伦理大战中，从而失去方向。另外，抛弃恐惧感。很多人在参与竞争时总是一面刻苦努力，一面却始终心存恐惧，怕有人与自己争夺，更害怕失败，所以整天拼命地工作，精神高度紧张，最终弄得身心俱疲。最后，隐藏自己。喜欢出风头的人一向是危险的，很容易成为众矢之的，所以参与竞争时要隐藏自己的锋芒。当然，更要隐藏自己的弱点，因为身处利益纠葛的职场，根本不可能有真心的朋友，那些想要和你“推心置腹”的人往往最恐怖，所以千万不能让他们抓住你的弱点。

手段是成功的保证，没有手段的行动和计划一定是事倍功半的。职场红人们靠什么左右逢源？靠的是他们灵活自如的应变能力、巧舌如簧的谈话技巧、妙到巅峰的领导情绪掌控术，等。一句话，没有手段，你永远尝不到成功的甜蜜。

手段从何而来？那些成就大事者，都善于自我总结、自我反思，从而找到自己的强项，并付出实际的行动。这个过程就是确立自己成功的手段的过程。

一个人的才智是多方面的，假如你想表现卓越的语言表达能力，你就要在谈话中注意语言的逻辑性、流畅性和风趣性；如果你想表现你的专业能力，当领导问到你的专业情况时就要详细说明，你也可以主动介绍；如果领导本身就是一个爱好广泛者，那么你可以主动拜师求艺……总之，方法比困难多，是千里马就得适当亮出自己的才智，否则，你只能成为被埋没的金子。

李昂所在的部门换了新主管，“一朝天子一朝臣”的情况也毫不例外地发生在他的部门。对于新主管来说，每一个员工都是不熟悉的，大家一下子回到了起跑线，都要重新开始。过去的部门主管十分器重的李昂，一下子没有了优势。

新主管上任后，李昂发现新主管就住在公司附近，而且每天晚饭后会在公司楼下散步，于是李昂每天加班到主管散步的时间，而主管遇到李昂都会和他寒暄几句。即使只是简单聊几句话，李昂也会把自己的工作进展向主管做暗示性的汇报。

月底业务总结的时候，大家还是像以前一样汇报自己的业绩，李昂虽然没有多做什么，但是在主管心中，他是整个办公室里最努力的一个。

会表现的人都是自然地流露，而不是刻意地表现。在你向领导汇报工作时，不妨说："我做了某事，但不知做得怎么样，还望您多多指点。"这样，你好像是在求领导指点，实际上你已经表现了自己，又充分体现了谦虚的美德。如果你以请功的口气直接向你的领导说："我做了某事，这事很不简单，做起来真不容易，它具有怎么怎么高的价值……"那么，你在领导心目中就已经损害了自己的形象，也降低了你在领导心目中的价值。

在职场，强弱守恒是非常重要的。如果我们一味地努力工作，用强势的一面征服一切，可能会很累很苦。适当地向自己的领导示弱，其实就是触动领导心里最柔软的部分，以求得到他的认同，甚至是照顾。说白了，好的领导既是一个调度员，又是一个协管员，帮助下属是他的职责，只是他难免会偏向那些需要他帮助并乐意得到他帮助的人，这也是人之常情。

不做别人的替罪羊。在公司或事业单位里，事情做得好坏对错，很多时候是由领导主观评定的。如果领导追求业绩，下级都要努力工作；领导若自以为是，下级便会唯唯诺诺。但有一些领导只是向他的领导交功课而已，敷衍了事，得过且过。在这样的环境之下，最重要的事情是不要出事，一切正常，就不会引发领导的雷霆之怒。一旦有差错，领导为了向他的领导交代，就会抓住一个人做替罪羊，所以你要小心，千万别做了人家的替罪羊。

任何一种手段都会带来一种结果，但这个结果是不是最佳的结果，就很难说了。成大事者总是选择最佳的手段，取得最好的结果。因此在成功之路上，你首先要解决的问题就是：让你的手段具有立竿见影的效果！

4. 跟领导较劲儿绝对是自杀

在职场的激烈竞争中，在利益和个人强大欲望的唆使下，会有很多人采取一些相对有点过的策略来谋求自己的利益最大化，千奇百怪，什么招数都有，而其中最不明智、几乎等于自杀的，就是跟领导较劲儿了。

比如说，当你接到上司或者老板安派的工作任务时，你总是找各种各样的理由怀疑老板或者上司的安排有问题，这不对，那不行，老板笨，上司傻。但是，如果你的上司或者老板听到这样的话，可能或说“某某某喜欢思考是没错，但是钻牛角尖，没有灵活性”这样的话，对你的评价会大为降低。殊不知，即使是李世民这样的明主，面对魏徵的直谏，也会大为光火，恨不得杀了他，何况你的领导？世界上没有哪个人喜欢被批评，你的上司或者老板也一样。如果作为下级的你总是怀疑这怀疑那，或者不按照他的要求做，还背地里大放厥词，上司知道了也不会认为你有多优秀。那么对你而言，你在这个公司也就没有升迁指望了。

不错，确实有些领导的水平没你高，业务能力没你强，能耐没你大，但这些不应该成为你不满或嫉妒的理由。你怎么看不到他付出比你多，工作比你累，责任比你大，有眼泪往肚子里咽呢？ 我想，我们应该冷静地纠正自己对领导的认识。

实事求是地说，领导之所以能成为领导，是因为他们比别人能干一些，同时更能承受压力，眼光也更长远一些。但有些人总是认为，领导能够为领导，是由于他们的运气、他们的关系——一句话，他们会来事，使领导的领导“任人唯亲”，他们才当了官。这种认识千万要不得！

人品最好、业务最精、头脑最聪明的，不一定能当上领导，有人一生只能做一个专家，而有些业务二流甚至三流的人反而当了领导，虽然这样的事不是没有，但你千万不要把它当成普遍现象。不管是在通常情况下，还是在特殊情况下，登上高位的多数还是精英。觉得领导水平不高，来源于人们的某种误解，认为领导即使不是道德上的楷模，在业务上也应该是样样皆精、路路皆通的“十项全能”型人才。我认为，这太过理想化，领导不是圣人，对他们也不宜求全责备。况且，领导的水平，有时恰恰不是表现在技术和业务水平上，而是体现在管理和综合水平上。

有些人心存恶念，总希望领导在工作中出错，即使自己有更好的解决方案，也不向领导提供，就盼着看领导的笑话。这种人是典型的搞不清楚状况，要知道：你想从领导那里得到的东西永远比领导想从你这里得到的要多，想看领导的笑话，结局通常是自己欲哭无泪。

一些职员会期盼领导的领导能从自己的工作表现中看到自己优于上司的方面，从而得到越级赏识并替代上司。其实，从来都是老虎压狼，狼欺负兔子；皇帝管宰相，宰相收拾百官。风头不但不能越级出，还要分给直属上级一些，要记得他才是头功。越级爬的要么是关系户，要么是领导之间真有矛盾，其他想越级爬的只会沦为小丑。

有些人会借助他人之口或他人之手，制造上司与他人的矛盾，扩大事态的负面影响，让上司忙于应付，而自己逍遥自在。但是，请你相信在职场这个圈子里纸包不住火绝对是真理，上司真要查，你过得了初一过不了十五，结局不用说，肯定没任何情面可讲。

有些人会在团队中排挤与上司走得比较近的同事，处处与之为敌，并拉拢和自己心态一样的人，将上司的笑话当作开胃菜，毫不留情地批评公司管理有误的地方，导致团队内部的分裂。还有些人会时时表现得强于上司，对其所安排的工作嗤之以鼻，找各种借口打击上司的决策能力和领导能力，破坏领导在团队中的威信。请有这些毛病的朋友看清楚，目前你的饭碗是揣在人家手里的，在这种情况下你采取如此幼稚的行为，后果无疑会很严重。

所以，不要想着与领导较劲儿，搞好关系才是上策。否则等待你的往往不是领导下台或走人，而是你不得不走人。

5. 不要犯的职场六宗罪

前面我们说了很多如何成功，下面来说说失败，虽然成功不可复制，但失败是有共性的。很多人都曾有过一段不堪回首的职场经历，我总结了他们的教训，称为“职场六宗罪”，在这里列举出来，给大家提个醒。

第一宗罪：把长期的职业理想当成现阶段的目标。

每个人步入职场的时候，都应该有一个理想并且努力向理想前进。我在这里要说的是，罗马不是一日建成的，请注意你的这个理想是需要长期的奋斗才能实现的。很多人往往因为过分追逐理想，忽视了实现这个理想所必须打的基础，结果欲速而不达。

比如你的职业理想是做到营销总监，那你必须先从业务员干起，经过销售主管等职位，一步步实现你的梦想。事实是，很多职场人把所有的目光都集中于职业的终极目标，而不去实现各个阶段的分解目标，那么我很负责任地告诉你，你的职业理想只是空中楼阁，根本无从实现。

第二宗罪：把实现目标的手段当成目的。

在这本书里我们说了太多的手段，这些手段只是你为达到目的采取的措施，千万别把这些手段当作目的。比如，前文说到跟领导搞好关系，搞关系是手段，搞好关系后得到的升职等结果才是目的。再比如寻找贵人，找到贵人是手段，得到贵人相助后要做成的事才是目的。

很多人把目的和手段搞混淆了。在跟老板搞关系的时候，搞好关系就成了他们的终极目标。如果你忘了你为什么需要这层关系，那你的关系注定会搞砸。目的是目的，手段是手段，一定要分清。

第三宗罪：在奋斗途中忘了最初的理想。

如果你选择了销售行业，你的职业理想是做到营销总监，那么你会经历这样一个晋升过程：业务员→销售主管→区域销售经理→销售总监。

这个过程的每一个阶段，都是为实现当上销售总监这个结果而服务的。但有些人做到销售主管后，就忘了自己最初的目标，已经没有向区域销售经理的位置奋斗的意识和冲劲了，销售主管就是他最终的结果。而这个销售主管的位置，最后又被其他人夺去。

第四宗罪：只有行业意识，没有明确的岗位意识。

我们经常看到许多建筑系毕业的新人在求职简历上这样写“求职意向：建筑设计院、建筑施工单位、市政工程单位、与建筑相关的公司……”说了一大堆，却没说应聘什么岗位。其实，从这个求职意向中传达出的信息是：他只是想在建筑这个行业找工作，但不知道自己能胜任什么岗位，这是一个大忌。你可以不知道自己想去哪个企业，但怎么能连一个明确的岗位目标都没有呢？那谁知道你可以做什么，又能做好什么呢？

第五宗罪：把就业当择业，而且只选择与所学专业相关的工作。

从实现职业理想的角度看，每一个职场人所做的工作一定要与职业理想有密切的关系，否则将不会对实现职业理想有任何帮助。但是，这不等于你要拘泥于与自己所学专业相关的工作，选择与专业相关的工作与实现职业理想之间没有必然的联系。而且，当初选择大学专业的时候，很多人选的都不是自己真正感兴趣的，这第一次选择已经错了，又怎么能再犯一次同样的错误？一份你不感兴趣的工作，是不会帮你实现职业理想的。

第六宗罪：把经历当能力。

一个人的个人经历只能说明你的过去，说明你曾经做过什么事情，是上一个阶段工作和生活的总结，成功或者失败一目了然。而能力，则是你在那些或成功或失败的经历中所获得的东西，并不简单等同于经历。

成功地把经历转换到能力，是一个合格的职场人必须面对并解决的一个问题。所以，不管你过去混得怎么样，是成功还是失败，只要善于总结经验和教训，让自己得以成长，今后不再犯同样的错误，你的能力就会有提高。所以，不要以过去做过什么来评价将来能做什么，过去没做过的事，将来也是有可能做到的，关键是你要用心。

职场六宗罪说完，你中枪了吗？

中枪也不要紧，你还有修正的机会。静下心来思考一下自己的职业现状，捋一捋自己的工作经历，看看哪些地方自己陷入了误区，哪些方面做得还不够好，只要能从中吸取教训，提高自己的能力，你成功的概率就会多一分。

6. 人在职场，最后要干掉的是自己

一个人在职场上最大的敌人是谁？不是老板，不是上司，更不是你的同事或下属，充其量他们只是跟你有竞争关系而已，真正能打败你的，只有自己。

每一个人都有两面性，一面是积极上进甚至激进的，一面是消极懒惰甚至懦弱的。人在职场，要想走得更远、站得更高，就一定要让前者击败后者，让自己充满正能量。

那么，怎样才能让前者战胜后者，从而不断进步呢？

让自己进步的方法很多，每天做点困难的事就是逼自己进步的办法之一。如果你是一位营销人员，当众演讲是你最发怵的事情，那你就每天逼自己对着镜子练习讲话；如果你是一位公关人员，恰巧你又是一个内向的人，那你就每天逼自己主动与主要的业务伙伴联系，或者打电话，或者发邮件，或者相约见面；如果你从中学就讨厌学外语，可是你又想获得在职硕士学位，那就每天逼自己练习听力、复习语法，再一口气做完一套模拟试题吧……

在工作中，我们会遇到这样那样的问题。很多时候，我们不想凭自己的能力去解决，而总是希望借助他人的力量来完成。的确，这样会节省你许多精力，但是事事都靠别人帮忙，你收获的就不单单是成功了，还会有一些负面影响。如果养成了不爱动脑、不爱动手的习惯，时间一长，一个弱者便诞生了，这显

然是极大的损失。所以，在工作中应该勇于做一个有担当的人，尽量独立自主地去解决问题。

在工作中做错事或者错失一次机会之后，我们常会懊悔、自责，这是自省的表现，值得赞扬。但如果一个人总是悔恨、自责，掉进痛苦的深渊不能自拔，那就是愚蠢了。和自己过不去的危害是极大的，它既无法挽回昨天的过错，也无法铸就明天的辉煌，更严重的是，还白白地浪费了现在的大好时光。要想摆脱这种烦恼的困扰，你不妨在笔记本上列出懊悔的内容，然后针对它们建立新目标，争取下一次做好，不让下一次机会溜走。

担心同懊悔一样无用，它无力改变将要发生的事情，反而白白地浪费了现在的时间。不采取积极有效的行动去争取好的结果，只是一个劲地担心发生意外的人，是最可悲的。我们应该尽量减少毫无意义的担心，你不妨这样去想：曾经担心过的事，有多少因为担心就没发生呢？又有多少事，虽然担心过，却没发生意外呢？想通之后，你就能减少一些担心，而多一些积极的行动。

还有惰性，惰性能在不知不觉中毁灭一个人。对待工作千万不能有一丝的惰性，你懈怠工作，工作自然也会懈怠你，到时候后悔都来不及。勤快一些，积极一些，要知道在你偷懒的同时，你的竞争对手可能在超越你的路上又多走了一步！

改变不好的习惯。在成功的路上我们必须舍弃一些东西，这也是必须付出的代价。有些习惯会阻碍你迈出前进的脚步，上面提到的自卑、自负、懒惰等都是。还有一些习惯也很致命，比如穿着随意、说话太直等，一定要改掉它们。

还有职场人必须知道也必须改变的一点，就是思维定式。在这里借用刘墉先生的一句话："我不是教你诈。"人在职场，在这个人物关系错综复杂的环境里，我们应该懂得一些变通，用招数、耍手段在很多时候都是必要且必需的。

为了达到自己的目的，我们需要摆脱原来的思维定式，那是你自己对自己的禁锢，自己给自己强加的束缚。为了成功，我们需要大尺度突破自我，采用合适的方法和手段。这是一个胜利者才有资格为自己代言的年代，没有人会在乎他是怎样成功的，人们看到的只是他的光彩。